BAUSTEINE

Förderheft

3

Herausgegeben von
Hans-Peter Schmidt

Erarbeitet von
Katharina Acker, Kordula Belfqih,
Matthias Greven, Gerlind Klodt
und Hans-Peter Schmidt

Diesterweg

Inhalt

Verwandte suchen

Merkwörter

Schwingen

Verlängern

Armprobe

Laute hören

Unterschiedlich sprechen

Lernen und Wissen

Wissen über Nomen

Wissen über Verben

Wissen über Adjektive

Auf den Sinn achten

- Heftaufgabe
- Text kann ins Heft abgeschrieben werden

Ordnen nach dem dritten Buchstaben

Wie kann ich diese Wörter nach dem Abc ordnen?
Sand
Salz
satt
Wenn die ersten beiden Buchstaben gleich sind, muss man nach dem dritten Buchstaben ordnen.
Salz
Sand
satt

weben	wehen	Wetter	Weste	Weg	Welle	werden	wedeln

1 Markiere den ersten, zweiten und dritten Buchstaben. Was fällt dir auf?

2 Ordne die dritten Buchstaben nach dem Abc. Schreibe sie auf.

L
weben
wedeln
Weg
wehen
Welle
werden
Weste
Wetter

3 Ordne die Wörter nach dem Abc. Schreibe sie auf.

Kapuze	Wasser
Kanu	Welle
Klappe	warm
Kiste	wagen
kalt	Watte
Katalog	Wolle

4 Ordne die Wörter nach dem Abc. Schreibe sie auf.

L

kalt	wagen
Kanu	warm
Kapuze	Wasser
Katalog	Watte
Kiste	Welle
Klappe	Wolle

Selbstlaute

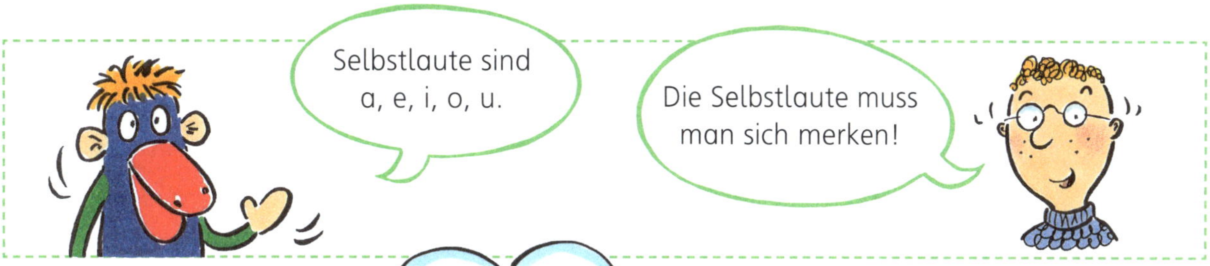

1 Markiere die Selbstlaute.

L

A/a: 12-mal
E/e: 25-mal
I/i: 20-mal
O/o: 5-mal
U/u: 4-mal

T___nk G___ngsch___lt___ng M___p___d F___hrr___dh___lm

B___nz___n N___mm___rnsch___ld G___s Br___ms___ D___ch

2 Welche Selbstlaute fehlen? Trage ein.

3 In welche Garage gehören die Wörter? Schreibe auf. Markiere die Selbstlaute.

L

1 Selbstlaut: Tank, Gas, Dach
2 Selbstlaute: Moped, Benzin, Bremse
3 Selbstlaute: Gangschaltung, Fahrradhelm, Nummernschild

Umlaute

1 Markiere die Umlaute.

2 Trage die Wörter in die passenden Rennställe ein.

L
Ä-Stall: später, Ärger, Räder
Ö-Stall: hören, Öl, Wörter
Ü-Stall: prüfen, Übung, Rücken

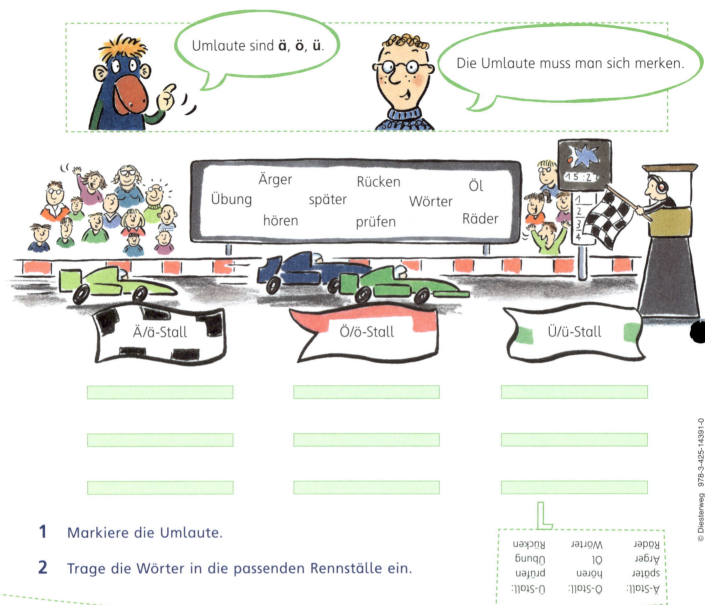

Rennfahrer werden

Spater mochte ich einmal Rennfahrer werden. Ich wurde gerne einen richtig tollen grunen Flitzer fahren. Am Start hort man schon den Auspuff drohnen. Nach dem Startschuss duse ich los. Die Strecke ist gefahrlich. Aber ich hange alle anderen Fahrer ab. Schließlich stehe ich auf dem Siegerpodest und lachle uber das ganze Gesicht.

3 In welchen Wörtern muss ein Umlaut stehen?
Setze die fehlenden Pünktchen.

L
später, möchte, würde, grünen, hört, dröhnen
düse, gefährlich, hänge, lächle, über

Doppellaute (Zwielaute)

Zwielaute sind **ei**, **ai**, **au**, **eu**, **äu**.
Sie bestehen aus zwei Selbstlauten.
Zwielaute oder Doppellaute muss man sich merken.

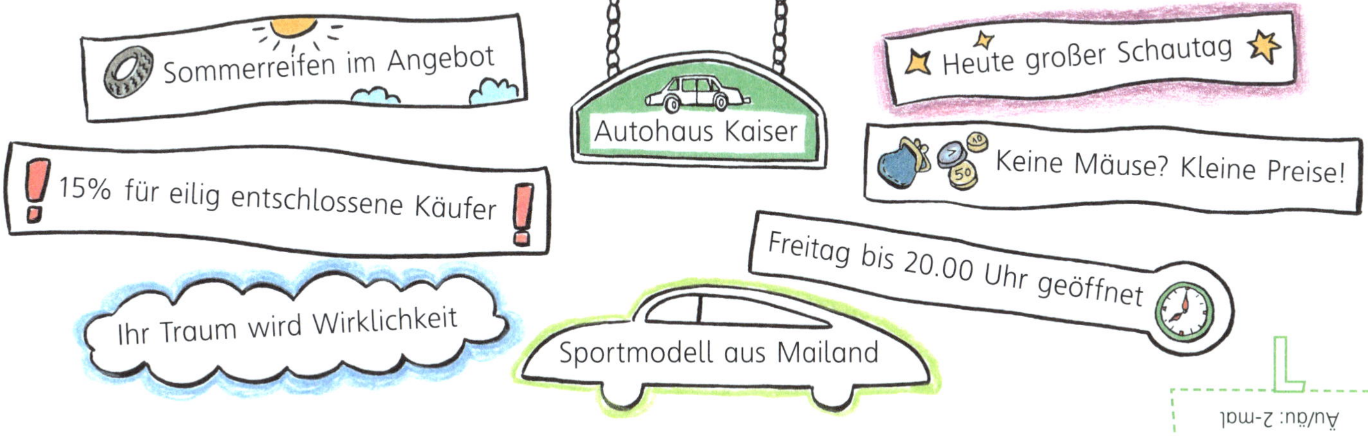
Sommerreifen im Angebot
Autohaus Kaiser
Heute großer Schautag
15% für eilig entschlossene Käufer
Keine Mäuse? Kleine Preise!
Freitag bis 20.00 Uhr geöffnet
Ihr Traum wird Wirklichkeit
Sportmodell aus Mailand

Ei/ei: 7-mal
Ai/ai: 2-mal
Au/au: 5-mal
Eu/eu: 1-mal
Äu/äu: 2-mal

1 Suche Doppellaute.
Markiere immer den gleichen Doppellaut mit der gleichen Farbe.

Schrottplatz
B__te
H__fen
fr__
schl__
L__te
Pf__l
Pf__
B__l
Bl__
h__ter
k__fen
L__ter

2 Was passt? Setze **ei, au** oder **eu** ein.

3 Finde die Reimwörter. Schreibe so: Pfeil – Beil, ...

frei – Blei
Leute – Beute
Haufen – kaufen
Pfau – schlau
Pfeil – Beil
Leiter – heiter

© Diesterweg 978-3-425-14391-0

Mitlaute

Öl	Auspuff	Bremslicht	Pokal
Ziel	Gaspedal	bravo	tanken
Metall	nass	Sattel	Siegerfoto
Linie	Schlüssel	radeln	Spitze
Fahrrad	Motorrad	Sportschuh	flitzen

1 Markiere die Mitlaute und zähle sie.

2 Unterstreiche in jeder Zeile das Wort mit den meisten Mitlauten.

Bremslicht
Gaspedal
Siegerfoto
Schlüssel
Sportschuh

_ e _ _ _ a _

_ ei _ e _

_ ü _ _ _ _ ie _ e _

_ o _ _ e _ _ au _

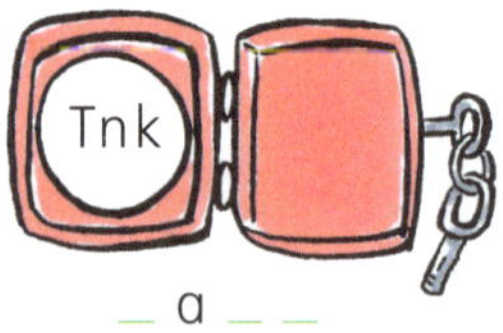

_ a _ _

Au _ _ u _ _

3 Wie heißen die Wörter zu den Bildern? Setze die fehlenden Mitlaute ein.

4 Schreibe die Wörter auf.

Lenkrad
Reifen
Rückspiegel
Kofferraum
Tank
Auspuff

Sp/sp und St/st im Anlaut

Ich höre **Schp** und **Scht**.
Am Anfang schreibt man aber **Sp** und **St**.
Spinne
Stern

…ielen …ören …urm …wimmen …ark …all

…aren …lau …olpern …ät …annend …atz

1 Wo hörst du **schp**? Wo hörst du **scht**? Setze **Sp/sp** oder **St/st** am Anfang ein.
Bei zwei Wörtern geht das nicht.

Sp/sp: ______________________________

____

St/st: ______________________________

____

2 Schreibe die Wörter geordnet auf.

Sp/sp	St/st
spielen	stören
sparen	Sturm
spät	stark
spannend	Stall
Spatz	stolpern

Sp: ______________________________

St: ______________________________

3 Bei welchen Wörtern hörst du **Schp** oder **Scht** am Anfang?
Trage sie in die richtige Reihe ein.

Sp	St
Spinne	Straße
Spiegel	Stern
Spiel	Stiefel

Schl, Schm, Schn, Schr und Schw im Anlaut

 ______amm  ______albe  ______ecke

 ______auch  ______aube

 ______oss  ______uck  ______etterling

1 Setze **Schl**, **Schm**, **Schn**, **Schr** oder **Schw** richtig ein.

Schwamm Schwalbe Schraube
Schlauch Schmuck Schmetterling
Schloss Schnecke

Der erste Schnee
Heute Morgen schneit es. Jan und ich wollen unsere Schlitten aus dem Schuppen holen, aber die Tür lässt sich nicht öffnen. Jan schlägt mit einem Stock auf das schmutzige Schloss. Schließlich rufe ich meine Schwester um Hilfe. Schlotternd erscheint sie am Fenster. „Ihr Schlauköpfe!“, stammelt sie schläfrig, „ihr müsst auch den richtigen Schlüssel nehmen!“

2 Markiere alle Wörter mit **Schl/schl**, **Schm/schm**, **Schn/schn**, **Schr/schr** und **Schw/schw**.

3 Übe den Text lesen.

____

____

____

____

4 Schreibe alle Wörter auf, die du markiert hast.

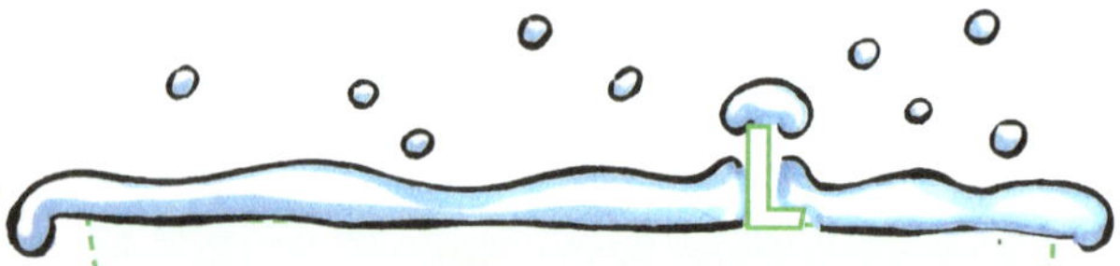

Schnee schneit Schlitten
schlägt schmutzig Schloss
Schließlich Schwester Schlotternd
Schlauköpfe schläfrig Schlüssel

Silben finden

Roller Rakete Eisenbahn Kanu Krankenwagen Segelflugzeug Eis

1 Klatsche oder hüpfe die Wörter nach Silben. Trage die Silbenbögen ein.

2 Schreibe die Wörter in Silben auf die passenden farbigen Hüpfplatten.

eine Platte	2 Platten	3 Platten	4 Platten
Eis	Ka-nu	Ra-ke-te	Kran-ken-wa-gen
	Rol-ler	Ei-sen-bahn	Se-gel-flug-zeug

Sie rollen das Auto.

Er schützt den Kopf des Radfahrers.

Es macht im Auto Musik.

Dort kann man sein Auto parken.

Sie wischen die Scheiben.

3 Löse die Rätsel. Achte auf die Silben.

Autoreifen
Fahrradhelm
Autoradio
Parkplatz
Scheibenwischer

Trennstrich setzen

Hase		Gabel	
Bauwagen		Schatzkiste	
Zaubertinte		Hausaufgabe	

1 Hüpfe oder klatsche die Wörter nach Silben.

2 Schreibe die Wörter mit Trennstrichen auf.

Zau-ber-tin-te Haus-auf-ga-be
Bau-wa-gen Schatz-kis-te
Ha-se Ga-bel

3 Zeichne die Silbenbögen ein.

4 Schreibe die Wörtere in die passende Spalte.
Trenne die Wörter, wenn sie nicht in eine Zeile passen.

Se-gel-schiff
Lan-de-an-flug
Flug-be-glei-ter
Fi-scher-netz
Dü-sen-flug-zeug
An-ker-platz

© Diesterweg 978-3-425-14391-0

Langer oder kurzer Selbstlaut?

Schafe Schafe Schlangen Schlangen Hamster Hamster Pudel Pudel Tiger Tiger

Katzen Katzen Igel Igel Fische Fische Affen Affen Vogel Vogel

1 Mach die Armprobe.
Sprich die markierten Selbstlaute einmal lang und einmal kurz.

2 Was klingt richtig? Markiere die Wortkarten.

lang:	kurz:
Schafe	Schlangen
Pudel	Hamster
Tiger	Katzen
Igel	Fische
Vogel	Affen

legen schmatzen Wal malen schaffen schlafen Stall schlecken Nest Hut

langer Selbstlaut	kurzer Selbstlaut

3 Markiere lange Selbstlaute mit einem Strich (_) und kurze mit einem Punkt (.).

4 Trage die Wörter in die Tabellen ein.

lang:	kurz:
legen	schmatzen
Wal	schaffen
malen	Stall
schlafen	schlecken
Hut	Nest

Mitlautfolge nach kurzem Selbstlaut

1 Wo hörst du nach dem kurzen Selbstlaut **verschiedene Mitlaute**? Male den Rahmen blau an.

2 Wo hörst du nach dem kurzen Selbstlaut nur **einen Mitlaut**? Male den Rahmen rot an.

blau: Hund, Pinsel, Bank, Lampen, Pilz
rot: Sonne, Blatt, Koffer, Roller, Nuss

3 Wo hörst du nach dem kurzen Selbstlaut verschiedene Mitlaute? Schreibe auf.

Zelt, Finger, Kaktus, Bank
Hand, Stift, Stempel, Palme

Doppelkonsonanz

1 Mach die Armprobe. Wo hörst du einen langen Selbstlaut?
Streiche die Bilder durch.

2 Wo hörst du nach dem kurzen Selbstlaut verschiedene Mitlaute?
Streiche die Bilder durch.

____

3 Verdopple bei den anderen Wörtern den Mitlaut. Schreibe die Wörter auf.

Brille
Bett
Kette
Tasse

Ferien auf dem Bauernhof

Seit einer Woche verbringe ich meine Ferien mit meiner (Mu t/tt er) __________
und meinem (Va t/tt er) __________ auf dem Bauernhof. Hier leben viele Tiere:
sieben (fe t/tt e) __________ Gänse, viele (ju n/nn ge) __________ Hühner,
(bu n/nn te) __________ Kühe und ein (ra s/ss iges) __________ Pferd.
Am Abend bekommen alle Tiere ihr (Fu t/tt er) __________.
Ich (re n/nn e) __________ gerne auf der Wiese herum, tanze mit
den (Schme t/tt erlingen) __________
oder (ba d/dd e) __________ im See.

Mutter, Vater, fette, junge, bunte
rassiges, Futter, renne, Schmetterlingen, bade

4 Setze die Wörter richtig ein.

Wörter mit ck

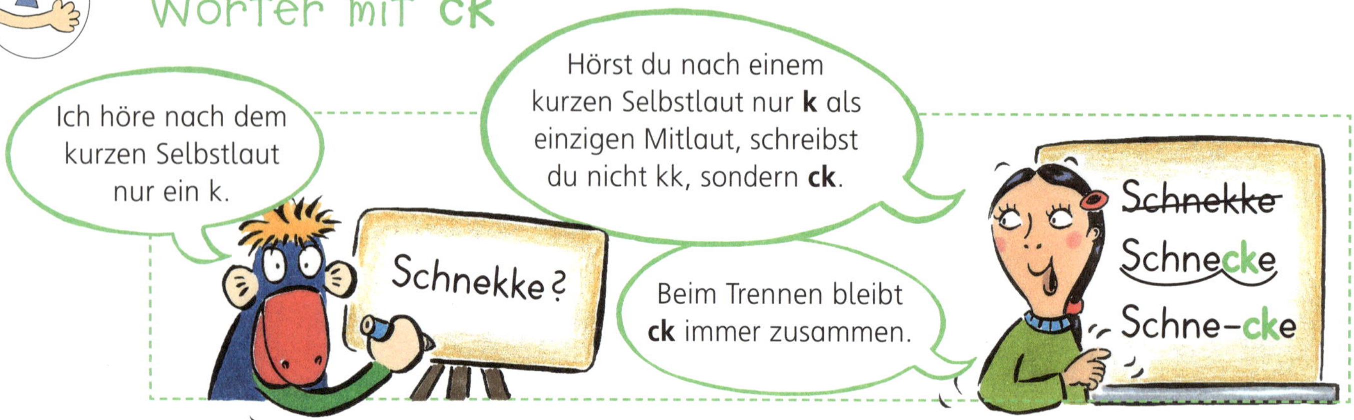

Ich höre nach dem kurzen Selbstlaut nur ein k.
Schnekke?
Hörst du nach einem kurzen Selbstlaut nur **k** als einzigen Mitlaut, schreibst du nicht kk, sondern **ck**.
Beim Trennen bleibt **ck** immer zusammen.
~~Schnekke~~
Schnecke
Schne-cke

 De____ e

 Ha ____ en

 Rü____ en

 Sa____

 Da____ el

 Kra____ e

 Ka____ tus

 Inse____ t

1 Prüfe mit der Armprobe, ob du **k** oder **ck** einsetzen musst.

____

2 Schreibe die Wörter mit **ck** auf. Markiere **ck**.

3 Trage die Silbenbögen ein.

L: Decke Sack Dackel Rücken

Bä___er
stri___en
So___en
De___e
ele___trisch
schme___en
Ja___e
ti___en
Spu___
Kü___en
We___er
dre___ig
ju___en
Tra___tor
Ra___ete

4 Setze **k** oder **ck** ein.

____

____

____

5 Schreibe die Wörter mit **ck** in Silben so auf: Bä-cker, ...

L:
Bä-cker, De-cke, Ja-cke, We-cker, stri-cken
dre-ckig, ju-cken, So-cken, schme-cken, ti-cken

Wörter mit tz

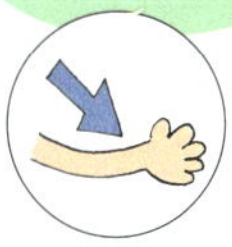

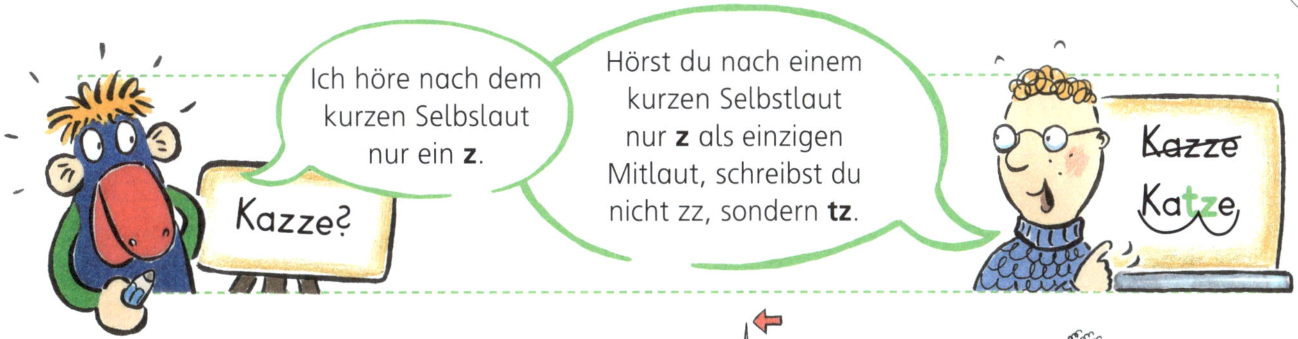

 Gla_____e  Bli_____  Spi_____e  O_____ean

 Kapu_____e 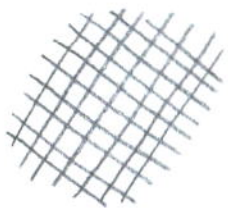 Ne_____  Pla_____  Scha_____

1 Prüfe mit der Armprobe, ob du **z** oder **tz** einsetzen musst.

____

____

2 Schreibe die Wörter mit **tz** auf. Markiere **tz**.

3 Trage die Silbenbögen ein.

Spitze, Schatz, Blitz, Platz, Glatze, Netz

Unsere (Ka z/tz e) __________

Unsere (Ka z/tz e) __________ heißt Tine. Sie ist ein richtiger (Scha z/tz) __________.
Oft (pu z/tz t) __________ sie sich mit der Zunge das (schmu z/tz ige) __________ Fell
und (kra z/tz t) __________ sich mit ihren (Ta z/tz en) __________ am Kopf.
Manchmal macht sie auch (Wi z/tz e) __________ mit mir. Dann versteckt sie sich
in meiner (Kapu z/tz e) __________. Oder sie stiehlt die (Bre z/tz el) __________
aus meiner Schultasche. Sie (schma z/tz t) __________ ganz laut beim Fressen.
Dabei (bli z/tz t) __________ sie mich mit ihren funkelnden Augen an.
Das bedeutet: Weg da, das hier ist mein (Pla z/tz) __________!

4 Setze die Wörter richtig ein.

Katze, Witze, Schatz, Kapuze, putzt, Brezel, schmutzige, schmatzt, kratzt, blitzt, Tatzen, Platz

© Diesterweg 978-3-425-14391-0

Wörter mit ie

1 Sprich die Wörter einmal mit langem **i** und einmal mit kurzem **i**. Was klingt richtig?

2 Trage bei langem i-Laut **ie**, bei kurzem i-Laut **i** ein.

L: viel, mieten, Tier, Lieder, Spiel, liegen, Ziel, siegen, Quiesel

3 Schreibe die **ie**-Wörter auf. Markiere **ie**.

4 Welche Sachen muss Quiesel in die **ie**-Kiste packen? Schreibe auf.

L: vier, Brief, Sieb, Spiegel, Zwiebel, Dieb, Stiefel, sieben, Biene

Wörter mit -ieren

fotograf ______	dusch ______	rad ______	nummer ______
durst ______	buchstab ______	schwimm ______	not ______
add ______	halb ______	stud ______	glück ______

1 Wo kannst du sinnvoll **-ieren** ergänzen? Trage ein.

fotografieren
radieren
nummerieren
buchstabieren
notieren
addieren
halbieren
studieren

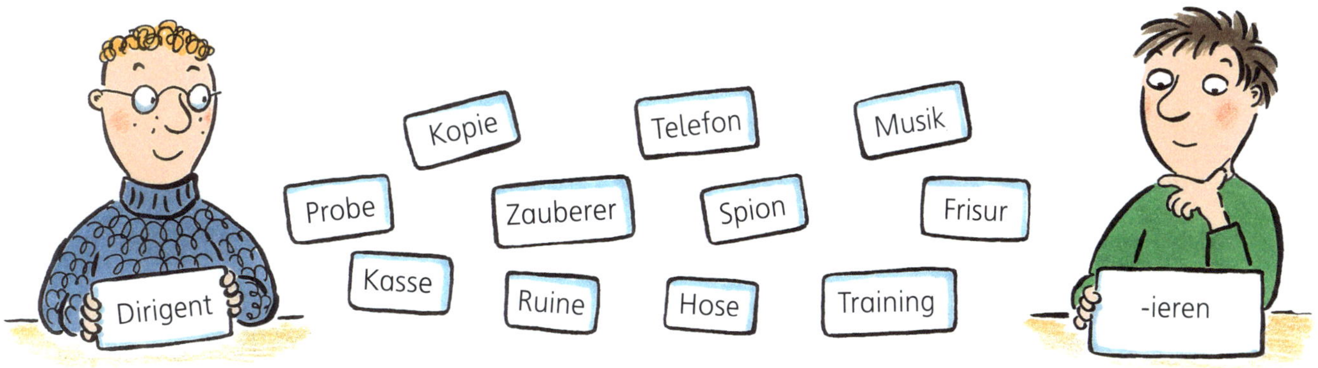

____

____

____

____

2 Zu welchen Nomen kannst du Verben mit **-ieren** bilden? Schreibe auf.

3 Markiere den Wortbaustein, der bei allen Wörtern gleich ist.

dirigieren
probieren
kopieren
telefonieren
musizieren
kassieren
ruinieren
trainieren
spionieren
frisieren

Auslautverhärtung

	Sie?	viele	ein
	Zwer?	viele	ein
	Mikrosko?	viele	ein
	Klei?	viele	ein
	Schran?	viele	ein
	Zel?	viele	ein

1 Sprich zuerst die verlängerten Wörter.

2 Schreibe die Wörter richtig auf.

Sieb Kleid
Zwerg Schrank
Mikroskop Zelt

d/t, b/p oder g/k?

lie* Kin* Bur* dich* kran* plum* Nach* Hun* Lum* Dan* Zu* Kor*

3 Schreibe die Wörter richtig auf.

lieb Kind Burg dicht
krank plump Nacht Hund
Lump Dank Zug Korb

Inlautverhärtung bei Verben in der 3. Person

er flie g k t ?
Bilde die Grundform, dann hörst du es.
fliegen
fliegen – er fliegt

Die Feuerwehr pum__t den Keller aus. (**b/p**)

Der LKW-Fahrer hu__t. (**b/p**)

Peter sin__t ein Lied. (**g/k**)

Thomas lie__t Pizza. (**b/p**)

Der Hausmeister fe__t. (**g/k**)

Susi schie__t den Rollstuhl. (**b/p**)

Der Bauer mel__t die Kuh. (**g/k**)

Leo den__t nach. (**g/k**)

lieben
melken
hupen
singen
fegen
schieben
denken
pumpen

1 Verbinde die Sätze mit der passenden Grundform der Verben. Auf welchen Buchstaben musst du achten? Markiere.

2 Setze den richtigen Buchstaben ein.

pumpt fegt
hupt schiebt
singt melkt
liebt denkt

(**g/k**):	sie brin*t	er mer*t	sie len*t	er sie*t
(**b/p**):	er he*t	sie pum*t	ihr ha*t	es pie*t

3 Schreibe erst die Grundform auf, dann die Personalform ohne Platzhalter.

bringen – sie bringt heben – er hebt
merken – er merkt pumpen – sie pumpt
lenken – sie lenkt haben – ihr habt
siegen – er siegt piepen – es piept

d oder t? g oder k? b oder p? im Wort

Berg/k steiger?
Das Wort besteht aus zwei Wörtern. Verlängere das erste Wort.
Berge
Berge – Bergsteiger

We g/k beschreibung   Wel d/t meister   Far b/p eimer

Han d/t schuhe   Ban g/k konto   Kor b/p sessel

1 Aus welchen Wörtern bestehen die zusammengesetzten Wörter?

2 Verlängere immer das erste Wort. Welchen Laut hörst du dabei?
Schreibe so: Berge – Bergsteiger, ...

Wegbeschreibung
Weltmeister
Farbeimer
Handschuhe
Bankkonto
Korbsessel

3 Schreibe die zusammengesetzten Wörter auf.

4 Markiere den Buchstaben, auf den du besonders achten musst.

Flugzeug   Grabstein
Erdbeere   Landkarte
Schildkröte   Radfahrer
Wegweiser   Handtuch

Wortstamm

L

besonnen, sonnig, Wintersonne, sonnenhell, Sonne
flammbar, Flamme, entflammen, flammrot, zweiflammig
schwimm, Schwimmer, Schwimmbad, schwimmt, schwimmfähig
hell, erhellt, heller, Helligkeit, aufgehellt

1 Markiere die Wörter mit dem gleichen Wortstamm immer mit der gleichen Farbe.

© Diesterweg 978-3-425-14391-0

2 Welche Wörter mit **FALL** kannst du bilden? Schreibe sie auf.

3 Markiere in jedem Wort den Wortstamm.

L

Fall, Falle, Fallen, fallen, Abfall
abfallen, Einfall, einfallen, umfallen, Unfall

Wortfamilie **sehen**

vorhersehbar sehenswert wegsehen Sehkraft
gutaussehend Baggersee ansehen Versehen
seht Einsehen sehen Wiedersehen Sessel
übersehen Fernseher Mäuseherz

1 Kreise alle Wörter farbig ein, die zur Wortfamilie **sehen** gehören.

2 Schreibe die eingekreisten Wörter auf.
Markiere den Teil, der in allen Wörtern gleich ist.

vorhersehbar, sehenswert, wegsehen, Sehkraft, gutaussehend, ansehen
Versehen, seht, Einsehen, Wiedersehen, übersehen, Fernseher

Katja möchte sich einen Film im Kino ______ . (hellsehen/ansehen/wegsehen)

Sie liebt das ______ des Schauspielers. (Aussehen/Versehen/Nimmerwiedersehen)

Er spielt wirklich ______ . (sehend/wegsehen/sehenswert)

Die Brille ist für Katja eine tolle ______ . (Sehhilfe/Sehprüfung/Sehschule)

Die Müllers schauen sich den Film lieber im ______ an. (Fernseher/Wegseher/Verseher)

3 Setze das passende Wort aus der Wortfamilie **sehen** ein.

ansehen
Aussehen
sehenswert
Sehhilfe
Fernseher

Wortfamilie schenken/danken

danken
schenken
DANK und SCHENK sind Wortstämme.
Sie gehören zu den Wortfamilien danken und schenken
Mit diesen Wortbausteinen kannst du viele Wörter bilden.
DANK
SCHENK
dankbar
verschenken

Geschenk | dankt | geschenkt | einschenken | Dankeschön

bedanken | beschenken | abdanken | Erntedank | schenkt

SCHENK: ______________________________

____

DANK: ______________________________

____

1 Ordne die Wörter dem passenden Worstamm zu und schreibe auf.

2 Markiere die Wortstämme **SCHENK** und **DANK**.

SCHENK: Geschenk, geschenkt, einschenken, beschenken, schenkt

DANK: dankt, Dankeschön, bedanken, abdanken, Erntedank

VER
BE
GE
SCHENK
DANK
EN
T

____

____

____

____

3 Welche Wörter kannst du bilden? Schreibe auf.

SCHENK: schenken, schenkt, verschenken, verschenkt, beschenken, beschenkt, Geschenk, geschenkt

DANK: Dank, danken, dankt, bedanken, bedankt, verdanken, verdankt, Gedanken, gedankt

Wörter mit ä

1 Trage **ä** ein, wenn du ein verwandtes Wort mit **a** findest.

Gläser Äpfel Bänder länger Männer täglich zählen Träger

Bl*ser F*hre W*lle B*cker Pf*ffer w*hlen L*hne
n*tt F*sser W*tter Abf*lle N*tz S*cke F*rien

Ä/ä: ______________________ E/e: ______________________

______________________ ______________________

______________________ ______________________

______________________ ______________________

______________________ ______________________

2 Entscheide, ob du **ä** oder **e** einsetzen musst. Schreibe auf.

Ä/ä: Bläser Fähre Bäcker wählen Fässer Abfälle Säcke
E/e: Welle Pfeffer Lehne nett Wetter Netz Ferien

Wörter mit **äu**

Tr __ me
L __ se
br __ nen
B __ le
Z __ ne
R __ ber

B __ me
tr __
__ glein
bl __ lich
L __ fer
h __ len

1 Trage **äu** ein, wenn du ein verwandtes Wort mit **au** findest.

Träume
Läuse
bräunen
Zäune
Räuber
Bäume
Äuglein
bläulich
Läufer

Str*cher *le h*fig sch*men B*te
Schl*che n* F*er Ger*sch Fr*de Kr*ter *ter Z*ge

Äu/äu: ______ Eu/eu: ______

2 Entscheide, ob du **äu** oder **eu** einsetzen musst. Schreibe auf.

Au/äu: Sträucher häufig schäumen Schläuche Geräusch Kräuter
Eu/eu: Eule Beute neu Feuer Freude Euter Zeuge

Wörter mit Doppelvokal/Quiesel-Karte

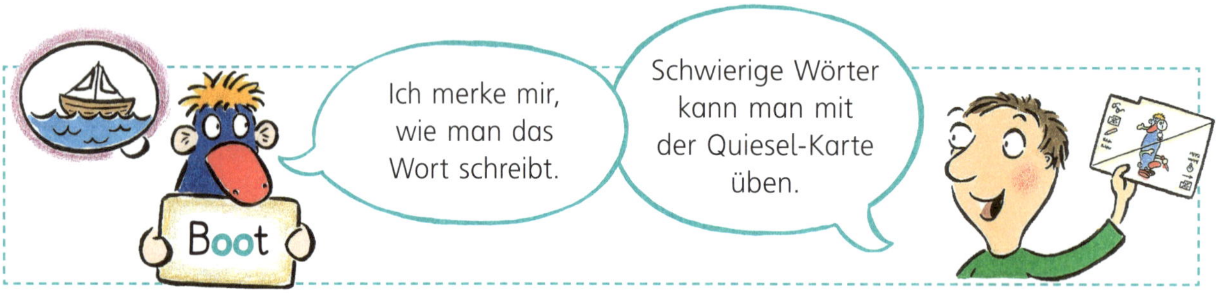
Boot
Ich merke mir, wie man das Wort schreibt.
Schwierige Wörter kann man mit der Quiesel-Karte üben.

Boot

Boot
Boot
Bot

 Lies das Wort und sprich es deutlich. Markiere die schwierigen Stellen.

 Decke das Wort mit der Karte ab.

 Schreibe das Wort auf. Sprich leise mit. Vergleiche dein Wort mit der Vorlage.

~~Bot~~
Boot

Ein Fehler? Dann streiche das Wort durch und schreibe es richtig auf.

1 Übe das Wort. Gehe Schritt für Schritt vor.

Haar	See	Fee
Tee	Saal	Beet
Schnee	Waage	Paar
Zoo	Beere	Speer
Moor	Moos	

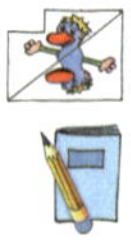

2 Übe auch die anderen Wörter mit der Quiesel-Karte. Kontrolliere Wort für Wort.

© Diesterweg 978-3-425-14391-0

Wörter mit **Dehnungs-h** – Profikarte

Nach einem langen Vokal fügt man manchmal ein Dehnungs-h ein.
Huhn
Aber nur vor **l**, **m**, **n** oder **r**.
Übe diese Wörter mit der Profikarte.
Profikarte

wählen	mehr	Sohn	lahm	Höhle	sehr
kühl	Huhn	fühlen	zählen	Mehl	Uhr

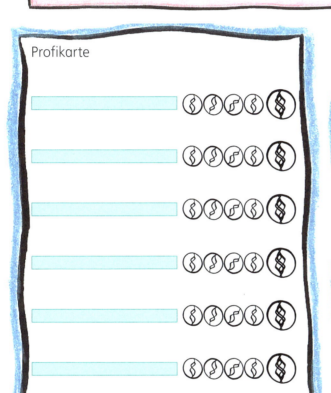

Profikarte

Profikarte

1 Schreibe die Übungswörter auf die Profikarten.

2 Kontrolliere die Wörter genau.

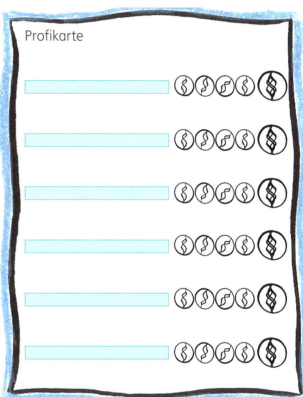

3 Übe die Wörter mit der Quiesel-Karte, als Partnerdiktat oder als Indianerdiktat.

4 Hast du ein Wort richtig geschrieben, male eine Murmel an.
Hast du ein Wort falsch geschrieben, streiche es durch und schreibe es noch einmal.

5 Für vier kleine Murmeln erhältst du eine große Murmel. Male sie an.

Wörter mit x – Partnerdiktat

Axt
Wörter mit **x** muss man sich merken!
Wir üben sie mit dem Partnerdiktat.

faxen | Lexikon | fix

Text | Maxi hext für den Boxer ein Taxi herbei.

1. Ein Kind liest das Wort oder einen Satz in Abschnitten deutlich vor.
2. Das andere Kind schreibt die Wörter in sein Heft.
3. Beide überprüfen, ob alles richtig geschrieben ist.
4. Dann diktiert das andere Kind.

1 Suche dir einen Partner.
Übt die Wörter und den Satz als Partnerdiktat.

Prüfe mit dem Partner.
Alles richtig?

Experte extra Mixer Luxus extrem Experiment
Die Hexe faxt aus der Praxis fix einen Text nach Mexiko.

2 Schreibe die Wörter und den Satz auf ein Blatt.

3 Suche dir einen Partner. Übt die Wörter und den Satz als Partnerdiktat.

MEXIKO

Fehler finden mit der Quiesel-Karte

Das Aquaruim ist dreckig.
Alles richtig?
Nimm die Quiesel-Karte. Lies genau. Steht da, was du schreiben wolltest?
Nein, ein Fehler!
Aquarium
Das ~~Aquaruim~~ ist dreckig.

Quiese macht dsa Aquaruim sauber.

Lege die Karte so auf den Text.
Lies den Text Wort für Wort von hinten.
Lies jedes Wort laut.
Prüfe bei jedem Wort, ob es richtig geschrieben ist.

~~Feher~~
Fehler
Ein Fehler? Streiche das falsche Wort durch
und schreibe es richtig auf.

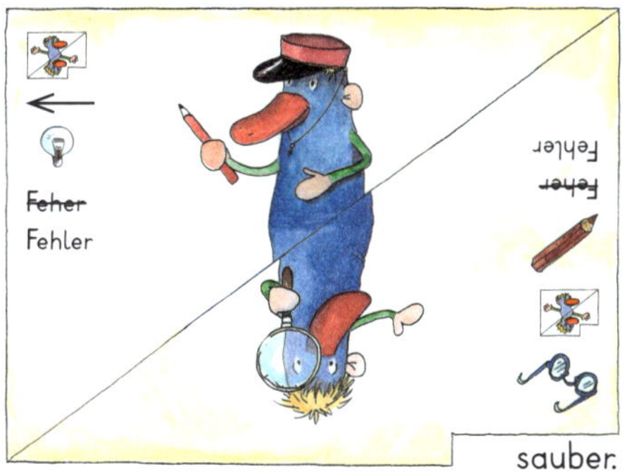

1 Finde die drei Fehler im Satz oben. Gehe Schritt für Schritt vor.

Quiesel macht das Aquarium sauber.

Die Quelle

Lena und Tim fahren zur Qulle. Ihre Räder quietschne. Aus kleinen Erdlöchern

quitll das Wasser. Ein See ist entstanden. Lena sagt: „Hörst du die

Kaulquappen quaen?" „Quatsch, das sind doch Frösche. Wir wollen sie nicht fangen.

Das ist Tierquälerie!", ruft Tim. Auf dem Rückweg quasslen sie ununterbrochen.

Sie fahren que durch den Wald nach Hause.

2 Finde die Fehler mit der Quiesel-Karte. Schreibe die Wörter richtig auf.

Quelle, quietschen, quillt, quaken,
Tierquälerei, quasseln, quer

vor- und ver-

Alles richtig?
Nimm die Quiesel-Karte. Lies von vorne nach hinten. Prüfe bei jedem Wort die Besonderheiten!
Die Wortbausteine **vor-** und **ver-** schreibt jeder Herr und jede Frau mit Vogel-V!
Nina hat ihren Stift ~~ferloren~~.
Nina hat ihren Stift ~~ferloren~~. verloren

Ferflixt! Ich habe meinen Stift am Formittag ferloren. |||

Lege die Karte so auf den Text.
Lies den Text Wort für Wort von vorne.
Lies jedes Wort laut.
Prüfe bei jedem Wort die Besonderheiten.

Ein Fehler? Streiche das falsche Wort durch und schreibe es richtig auf.

1 Finde die drei Fehler im Satz oben.
Prüfe bei jedem Wort die Besonderheiten.

Verflixt! Ich habe meinen Stift am Vormittag verloren.

Nina liest vor
Nina hat sich gut forbereitet. Heute will sie in der Klasse eine Geschichte |
forlesen. Als sie ihr Buch herforholt, macht sie noch einen Forschlag. |||
Wer zuerst die Geschichte errät, darf sein Lieblingsbuch forstellen. |
Nun fertreibt sie den anderen Kindern die Zeit mit Vorlesen. |
Alle fersuchen, die Geschichte zu erraten. Paul setzt seinen ganzen |
Ferstand ein. Doch er hat den Titel fergessen. ||
Da fällt er ihm wieder ein: Der ferrückte Fersuch. ||

2 Finde die Fehler mit der Quiesel-Karte.

3 Schreibe die Wörter richtig auf.

vorbereitet, vorlesen, hervorholt, Vorschlag, vorstellen, vertreibt
versuchen, Verstand, vergessen, verrückte, Versuch

Wörter mit i

Achtung, ein Ausnahmewort! Du hörst ein langes i, und schreibst nur „i“.
Diese Wörter muss man sich merken!
Krokod ...?
Krokodil

Ruine   Igel   Augenlid   Biber   Krokodil   Kaninchen   Kino   Tiger

1 Diese Wörter sind Ausnahmewörter. Schreibe sie zu den Bildern auf. Markiere das lange **i**.

Tier mit Stacheln auf dem Rücken:

Wäscht die Wäsche sauber:

Ein verfallenes Gebäude:

Es ist grün und schwimmt im Nil:

Das Nagetier baut Dämme im Fluss:

Dort kann man Filme ansehen:

Eine vereinbarte Zeit:

2 Löse das Rätsel. Trage die Wörter mit langem i ein.

Lösung: ___ ___ ___ ___ ___ ___ ___

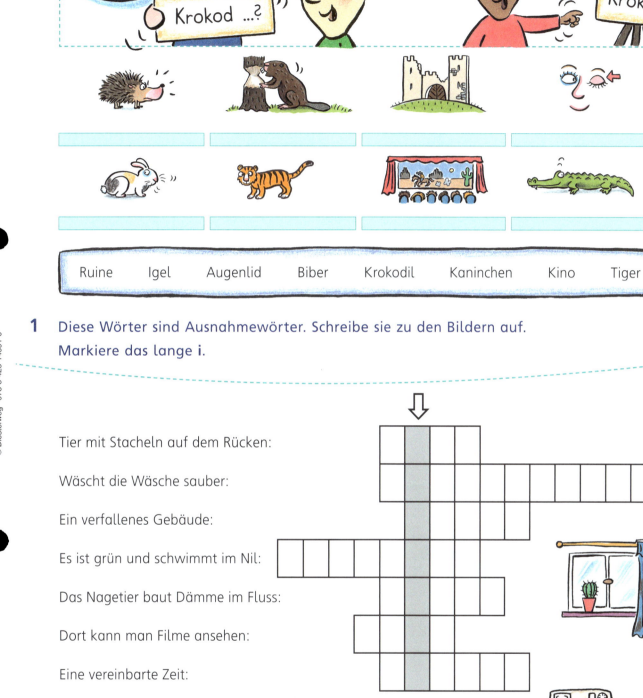

Igel
Waschmaschine
Ruine
Krokodil
Biber
Kino
Termin
Lösung: Gardine

Nomen – Konkreta

kind
hund
baum
tisch
Das sind Namen für Menschen, Tiere, Pflanzen und Dinge.
Das sind Nomen. Man schreibt sie immer groß.
Kind
Hund
Baum
Tisch

Menschen: ______________________

Tiere: ______________________

Pflanzen: ______________________

Dinge: ______________________

1 Schreibe die Nomen geordnet auf.

L

Menschen: Polizist, Angler
Tiere: Löwe, Hamster
Pflanzen: Baum, Blume
Dinge: Fahrrad, Wecker

boot	sauer	elefant	strauch	grün	sportlich
fahrrad	segelschiff	tulpe	schwach	taxi	

____

____

____

2 Welche Wörter sind Nomen?
Unterstreiche sie und schreibe sie mit Begleiter (Artikel) auf.

3 Markiere die Großbuchstaben.

L

das **B**oot
der **E**lefant
der **S**trauch
das **F**ahrrad
das **S**egelschiff
die **T**ulpe
das **T**axi

Nomen – Abstrakta

Freude ist auch ein Nomen.

Nomen sind auch Namen für Gedanken, Gefühle und Ideen.

Glück	Köstlichkeit	Hund	Wunsch	Hochhaus
Bruder	Nashorn	Rose	Gabel	
Kaninchen	Freude	Fenster		
Tulpe		Klugheit		
Erinnerung	Löwenzahn	Schreck	Mut	Angst
Schönheit	Freund	Wanderer	Mond	

1 Welche Nomen sind Namen für Menschen, Tiere, Pflanzen und Dinge? Unterstreiche schwarz.

2 Welche Nomen sind Namen für Gedanken, Gefühle und Ideen? Unterstreiche blau.

blau unterstrichen:
Erinnerung Glück
Köstlichkeit Schreck
Mut Wunsch
Freude Angst
Schönheit Klugheit

Duftende Blumen

Die Sonne scheint. Viele Blumen blühen im Garten. Zum Glück versteht Mama viel von Pflanzen.
Sie pflegt sie mit viel Liebe. Ihre Kinder mögen besonders die großen Sonnenblumen.
Papa freut sich über den Duft der Rosen. Oma und Opa mögen die Schönheit der Farben.
Die Nachbarn fragen oft um Rat. Mama gibt gute Tipps.

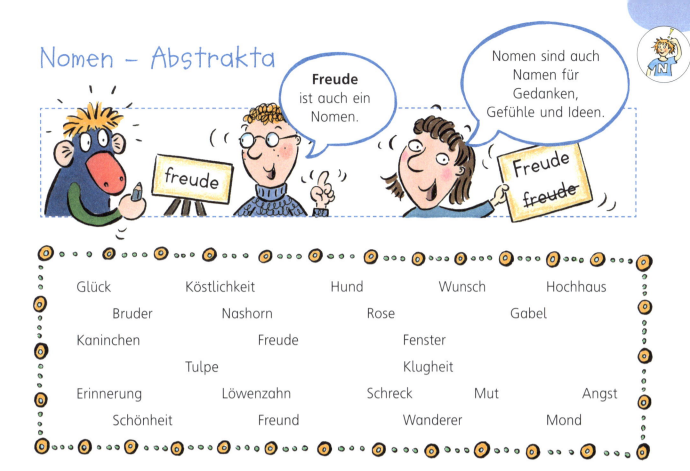

3 Unterstreiche im Text alle Nomen.

4 Schreibe die Nomen für Gedanken, Gefühle und Ideen aus dem Text heraus.

Glück, Liebe, Schönheit, Rat, Tipps

© Diesterweg 978-3-425-14391-0

Nomen mit -ung, -heit, -keit,

hoffnung
freiheit
freundlichkeit
Wörter mit den Bausteinen -heit, -keit, -ung sind Nomen.
die Hoffnung
die Freiheit
die Freundlichkeit

FREUNDLICHKEIT	ENTSCHULDIGUNG	SCHENKUNG
METERLANG	FRÖHLICHKEIT	DUNKELROT
SCHÖNHEIT	WEGLAUFEN	GROSSZÜGIGKEIT
BEOBACHTUNG	FREIHEIT	BESONDERHEIT

1 Unterstreiche die Nomen.

2 Markiere die Endungen -ung (rot), -heit (grün), -keit (blau).

L

Freundlichkeit, Entschuldigung, Schenkung, Fröhlichkeit, Schönheit
Großzügigkeit, Beobachtung, Freiheit, Besonderheit

klarheit heiterkeit klugheit meilenweit mitteilung reinheit haltbarkeit übung
achtung frechheit beweglichkeit großschreibung fröhlich machbarkeit

-ung: ____________________

____

-heit: ____________________

____

-keit: ____________________

____

3 Schreibe die Nomen auf und markiere die Großbuchstaben.

L

-ung: Mitteilung, Übung, Achtung, Großschreibung
-heit: Klarheit, Klugheit, Reinheit, Frechheit
-keit: Heiterkeit, Haltbarkeit, Beweglichkeit, Machbarkeit

Nomen – Einzahl und Mehrzahl

Ich habe eine Blume.
Ich habe viele Blumen.
Nomen gibt es in der Einzahl und in der Mehrzahl.

Erinnerung
Ball
Gewohnheit
Motorrad

Gewohnheiten
Motorräder
Erinnerungen
Bälle

1 Welche Nomen gehören zusammen? Verbinde.

2 Unterstreiche die Nomen in der Mehrzahl.

3 Schreibe die Nomen in der Einzahl und Mehrzahl auf.
Schreibe so: Blume – Blumen, ...

Erinnerung – Erinnerungen Gewohnheit – Gewohnheiten
Ball – Bälle Motorrad – Motorräder

Einzahl	Mehrzahl
das Hemd	
	die Gewohnheiten
die Beschreibung	
die Geschwindigkeit	
	die Freuden

4 Trage die fehlenden Nomen mit Artikel ein.

das Hemd – die Hemden
die Gewohnheit – die Gewohnheiten
die Beschreibung – die Beschreibungen
die Geschwindigkeit – die Geschwindigkeiten
die Freude – die Freuden

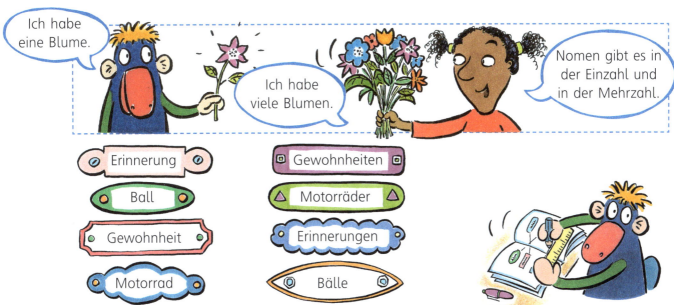

Adjektive und Nomen

Nomen können Begleiter haben.

Zwischen dem Begleiter und dem Nomen kann ein Adjektiv stehen.

das Auto

schnell

das schnelle Auto

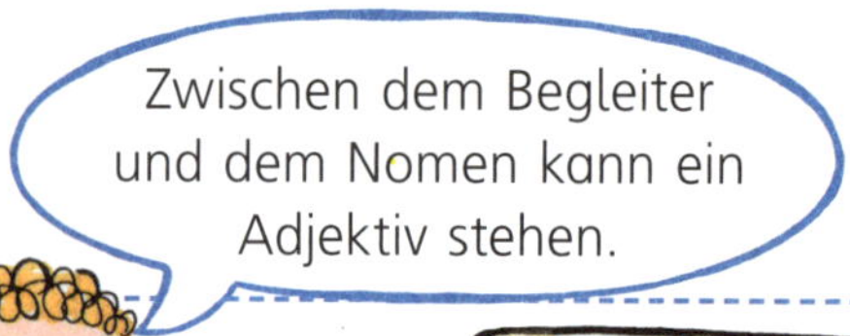

 der dicke Apfel  das große Haus  der schwere Stein

 die leichte Feder  der leckere Kuchen  das schnelle Pferd

1 Unterstreiche die **Begleiter (Artikel)** und **Nomen** blau. Verbinde sie.

2 Unterstreiche die **Adjektive** grün.

L
der dicke Apfel
das große Haus
der schwere Stein
die leichte Feder
der leckere Kuchen
das schnelle Pferd

3 Welche Artikel und Adjektive passen zu den Bildern? Trage ein.

4 Schreibe die Nomen mit Artikel und Adjektiv auf. Unterstreiche die Adjektive.

L
der runde Teller
das kalte Eis
das scharfe Messer
der frische Salat
die krumme Banane

© Diesterweg 978-3-425-14391-0

Begleiter (Artikel) und Präpositionen

1 Verbinde, was zusammen gehört.

2 Schreibe die Kurzform und die Langform zusammen auf: ins – in das, …

ins – in das
zum – zu dem
beim – bei dem
vom – von dem
zur – zu der
vorm – vor dem
im – in dem
am – an dem

Kurzform	Langform	Kurzform	Langform
ins Wasser	___ Wasser	___ Lehrerin	zu der Lehrerin
___ Kino	in das Kino	vorm Fenster	___ Fenster
zum Schüler	___ Schüler	___ Baum	an dem Baum
___ Fenster	vor dem Fenster	vom Apfel	___ Apfel
beim Frisör	___ Frisör	zum Zoo	___ Zoo
___ Kasten	in dem Kasten	ins Kino	___ Kino
zur Feier	___ Feier	___ Schüler	zu dem Schüler

3 Ergänze jeweils die Kurzform oder die Langform.

1. Tabelle: in das, ins, zu dem, vorm, bei dem, im, zu der
2. Tabelle: zur, vor dem, am, von dem, zu dem, in das, zum

Fugen-s

Krokodilstränen
Manchmal steht ein s zwischen zusammengesetzten Nomen.

Geburtstag Einladungskarte Königspinguin Eselsohren
Wohnungsschlüssel Nachbarskinder Lieblingstorte Verkehrsinsel

1 Unterstreiche in jedem Wort die beiden Nomen.

2 Markiere das **s** zwischen den Nomen.

Geburtstag
Einladungskarte
Königspinguin
Eselsohren
Wohnungsschlüssel
Nachbarskinder
Lieblingstorte
Verkehrsinsel

Geburtstagsfeier
An

3 Bilde mit dem Wort **Geburtstag** zusammengesetzte Nomen.

4 Markiere das **s** zwischen den Nomen.

zum Beispiel:
Geburtstagsfeier
Geburtstagskuchen
Geburtstagsgirlanden
Geburtstagsgäste
Geburtstagsplätzchen
Geburtstagsfeuerwerk
Geburtstagstorte
Geburtstagslied
Geburtstagskarte
Geburtstagstisch
Geburtstagspunsch

Pronomen

Was sind Pronomen?
Pronomen sind Wörter, die man für ein Nomen einsetzen kann.
der Mann – er
die Frau – sie
das Kind – es

bin Quiesel.
bist Quieseline.
Das ist Hans.
Wo wohnt ?
Kommt mit?
Das ist sein Haus.
ist blau.
sind gute Freunde.
Die Kinder haben Schulschluss.
gehen nach Hause.

1 Trage die richtigen Pronomen in die Sprechblasen ein.
Denke an die Großschreibung am Satzanfang.

L: **Ich** bin Quiesel. **Du** bist Quieseline. Das ist Hans. Wo wohnt **er**? Kommt **ihr** mit? Das ist sein Haus. **Es** ist blau. **Wir** sind gute Freunde. Die Kinder haben Schulschluss. **Sie** gehen nach Hause.

Kuchen für Oma und Opa

Opa fährt mit der Straßenbahn. (er, sie, es) ______ muss zur Arbeit.

Heinz holt die Milch in einer Kanne vom Bauernhof. (er, sie, es) ______ möchte Kakao trinken.

Mutter braucht Milch in der Küche. (er, sie, es) ______ will Kuchen backen.

Katharina hilft. (er, sie, es) ______ rührt den Teig mit dem Holzlöffel.

Der Kuchen backt im Ofen. (er, sie, es) ______ wird bestimmt sehr lecker.

Katharina und Heinz machen das Kuchenpaket fertig. (er, sie, es) ______ bringen (er, sie, es) ______ zu Oma und Opa.

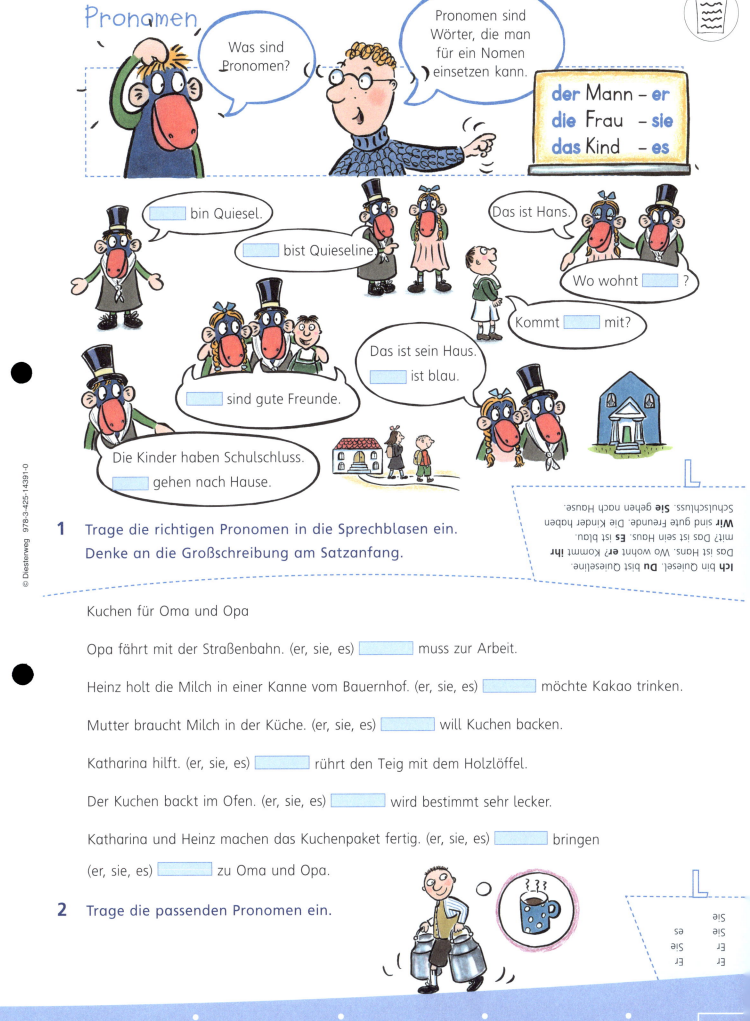

2 Trage die passenden Pronomen ein.

L: Er Er / Er Sie / Sie es / Sie

Verben

Verben geben an, was jemand tut oder was geschieht.
wir spielen
er isst
sie träumt
es schneit

Er ______ .

Sie ______ .

Es ______ .

Sie ______ .

Es ______ .

Sie ______ .

1 Schreibe auf, was jemand tut oder was geschieht.

Er geht.
Sie malt.
Es schneit.
Sie schwimmen.
Es regnet.
Sie essen.

rennen	schneien	eilig	fühlen	bunt	stolpern
Rad	schenken	Auto	flitzen	stürmen	
lächeln	funkeln	regnen	schreiben	tanzen	

2 Was kann jemand tun und was kann geschehen? Unterstreiche die Verben.

______

______

______

3 Schreibe die Verben auf.

rennen, schneien, fühlen, stolpern, schenken, flitzen
stürmen, lächeln, funkeln, regnen, schreiben, tanzen

© Diesterweg 978-3-425-14391-0

Verben in der Grundform

Er läuft.	Wir lachen.
Sie lacht.	Wir laufen.
Du rennst.	Wir werfen.
Ich spiele.	Wir spielen.
Er wirft.	Wir rennen.

1 Welche Verbformen gehören zusammen? Verbinde.

2 Unterstreiche die Wir-Form.

3 Schreibe die Verben in der Grundform auf. Markiere **-en**.

laufen
lachen
rennen
spielen
werfen

Ein Ausflug zum Zoo

Pauline macht mit der Klasse einen Ausflug. Sie treffen sich um 10.00 Uhr vor der Schule. Von dort fährt die Klasse zum Zoo. Pauline freut sich schon auf die vielen Tiere. Im Bus singt Mark ein Lied. Vom Parkplatz aus eilt die Klasse zum Eingang. Eine kleine Gruppe wandert durch den riesigen Tierpark. Jan besucht die Giraffen. Am Nachmittag trinkt die eine Gruppe Tee. Die andere Gruppe läuft zum Affenhaus. Zum Schluss sucht jeder wieder seinen Platz im Bus.

4 Unterstreiche die Verben im Text.

5 Schreibe die Verben in der Grundform auf.

laufen suchen
wandern besuchen trinken
freuen singen eilen
machen treffen fahren

Verben im Wörterbuch

Wie finde ich Verben im Wörterbuch?
Wörter-Buch
Es get.
Im Wörterbuch stehen die Verben in der Grundform.
Wörterliste
gehen, es geht

Er isst Suppe.	lesen
Sie sieht schlecht.	schlafen
Er liest ein Buch.	essen
Er wirft den Ball.	fahren
Sie schläft fest.	werfen
Er fährt Fahrrad.	sehen

1 Unterstreiche die Verben in den Sätzen.

2 Verbinde mit der Grundform.

L

isst – essen
sieht – sehen
liest – lesen
wirft – werfen
schläft – schlafen
fährt – fahren

Sie hilt ihrer Mutter.

Du färst mit dem Fahrrad.

Sie gipt mir ein großes Stück vom Kuchen.

Sie geet in die Schule.

Er hatt ein tolles Geschenk.

Er fligt mit dem Flugzeug.

F, f
fahren, er fährt
das **Fax**, die Faxe
fliegen, er fliegt
G, g
geben, sie gibt
gehen, es geht
grün
H,h
haben, er hat
helfen, sie hilft
der **Hof**, die Höfe

3 Überprüfe alle Verben mit der Wörterliste. Schreibe die Sätze richtig auf.

L

hilft, fährst, gibt, geht, hat, fliegt

Einfache Vergangenheit (Präteritum)

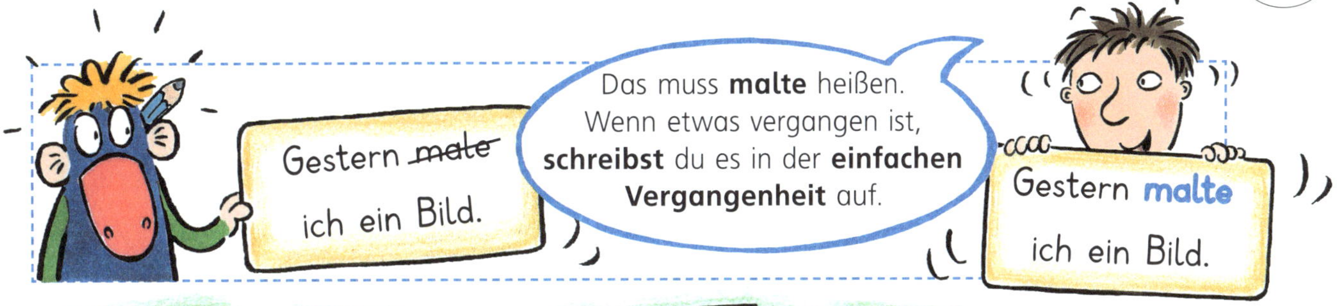

Gestern ~~male~~ ich ein Bild.
Das muss **malte** heißen. Wenn etwas vergangen ist, **schreibst** du es in der **einfachen Vergangenheit** auf.
Gestern **malte** ich ein Bild.

ich winke | ich lerne | er kaufte | er sagt

ich lernte | ich winkte | er sagte | er kauft

1 Welche Verbformen gehören zusammen? Verbinde sie.

ich winke – ich winkte
ich lerne – ich lernte
er kauft – er kaufte
er sagt – er sagte

Heute

Ich mache mit meiner Freundin einen Ausflug ins Schwimmbad. Wir freuen uns sehr und beeilen uns in der Umkleidekabine. Schnell hüpfen wir ins Wasser und spielen mit dem Wasserball. Zum Schluss rutschen wir auf der großen Rutsche.

2 Unterstreiche die Verben im Text.

Gegenwart	einfache Vergangenheit (Präteritum)

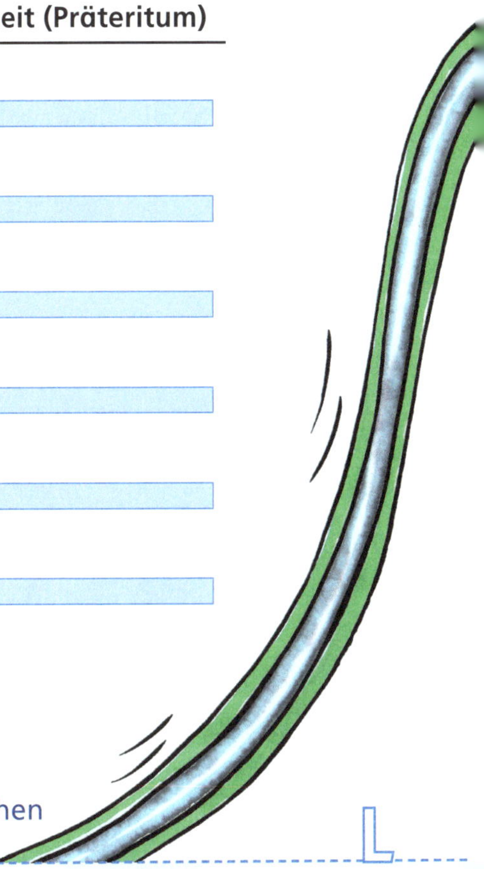

3 Trage die Verben in der Gegenwart und in der einfachen Vergangenheit in die Tabelle ein.

4 Schreibe den Text mit der Überschrift „Gestern" in der einfachen Vergangenheit auf.

ich mache – ich machte
wir freuen – wir freuten
wir beeilen – wir beeilten
wir hüpfen – wir hüpften
wir spielen – wir spielten
wir rutschen – wir rutschten

Zusammengesetzte Vergangenheit (Perfekt)

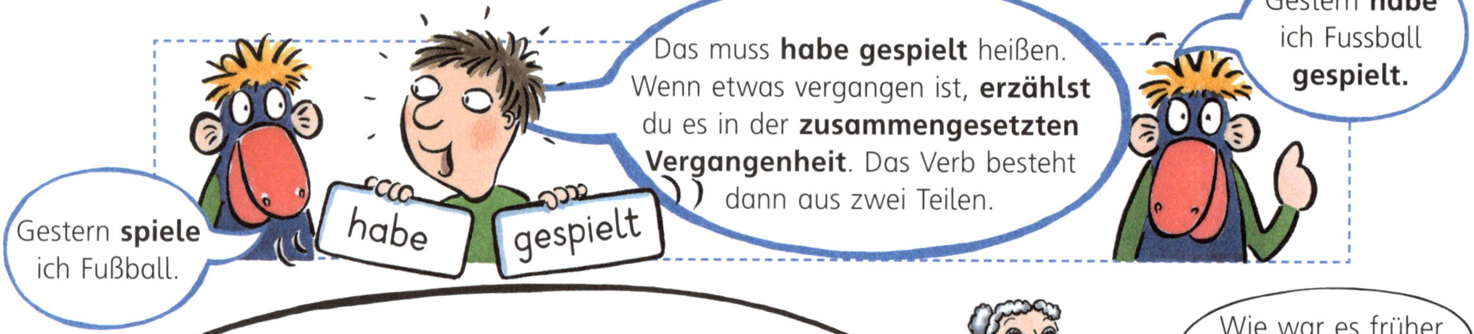

Gestern spiele ich Fußball.
habe
gespielt
Das muss habe gespielt heißen. Wenn etwas vergangen ist, erzählst du es in der zusammengesetzten Vergangenheit. Das Verb besteht dann aus zwei Teilen.
Gestern habe ich Fussball gespielt.

Alle Kinder haben auf Schiefertafeln geschrieben.
Fritz und Lisa haben ein Gedicht aufgesagt.
Der Lehrer hat ihnen ein Fleißkärtchen gegeben.
Nach der Schule haben die Jungen Holz
für den Ofen gesammelt.

Wie war es früher in der Schule?

1 Unterstreiche die Verben.

2 Schreibe die Verben in der zusammengesetzten Vergangenheit (Perfekt) so auf: Sie haben gegessen. ...

L
Sie haben geschrieben.
Sie haben aufgesagt.
Er hat gegeben.
Sie haben gesammelt.

Ich habe

3 Schreibe auf, was Leon sagt.

L
Ich habe Brötchen geholt.
Ich habe mit Papa das Auto gewaschen.
Ich habe mit Jan gespielt.

Verben können sich verändern

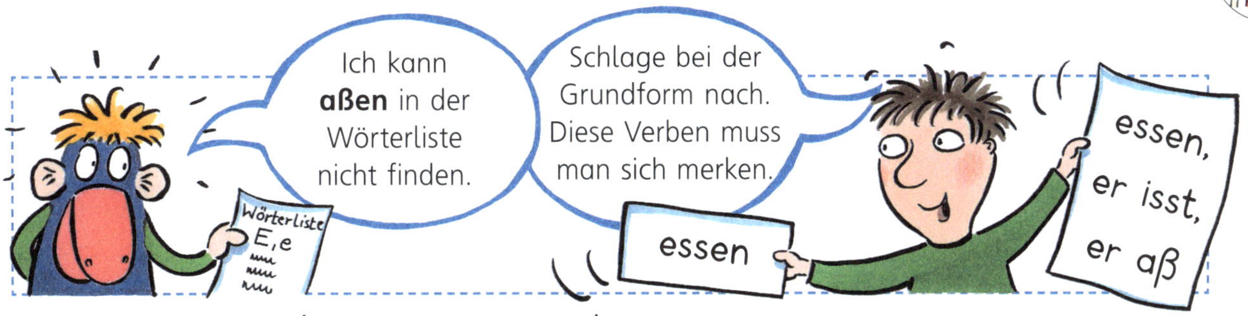
Ich kann **aßen** in der Wörterliste nicht finden.
Wörterliste
E,e
Schlage bei der Grundform nach. Diese Verben muss man sich merken.
essen
essen, er isst, er aß

Grundform	Gegenwart	einfache Vergangeheit
	sie isst	sie aß
	er hat	er hatte
	er liest	sie las
	er kann	er konnte
	sie spricht	sie sprach
	er trifft	er traf
	sie wirft	sie warf
	er weiß	er wusste
	sie tritt	sie trat
	er will	er wollte

haben
können
werfen
wissen
wollen
essen
lesen
sprechen
treffen
treten

L

essen
haben
lesen
können
sprechen
treffen
werfen
wissen
treten
wollen

1 Ergänze die Grundform.

Ella in der Schule

Ella las gerne. Sie sprach auch viel. Mittags aß sie mit den anderen zusammen. Manchmal hatte sie noch eine Banane in der Tasche. Ella trat oder warf am liebsten mit Bällen. Meist traf sie auch das Tor. Ella wusste und konnte viel. Aber sie wollte noch viel mehr wissen.

2 Unterstreiche die Verben in der einfachen Vergangenheit.

3 Schreibe die Verben zusammen mit der Grundform auf.

Vorangestellte Wortbausteine

erziehen
anziehen
aufziehen

verlesen
vorlesen
überlesen

vertrocknen
abtrocknen
austrocknen

vorsingen
nachsingen
mitsingen

einzahlen
anzahlen
bezahlen

1 Was möchte Quiesel tun? Kreise das passende Verb ein.

2 Markiere den vorangestellten Wortbaustein.

L: **ab**trocknen, **vor**lesen, **an**ziehen, **be**zahlen, **vor**singen

Eine E-Mail für Quiesel

Emma kann es kaum **(er-/auf-)**warten. Sie will endlich nach Hause. Emma hat heute in der Schule im Internet die Seite www.quiesel.de **(ent-/ver-)**deckt. Sie durfte für Quiesel eine Nachricht **(ab-/auf-)**schreiben und sie als E-Mail an ihn **(nach-/ver-)**senden. Zu Hause muss Mama schnell den Computer **(an-/ab-)**machen. Tatsächlich, es ist schon eine Antwort von Quiesel **(vor-/an-)**gekommen. Emma will die E-Mail ihrer Mutter sofort **(über-/vor-)**lesen. Am nächsten Tag **(er-/ver-)**zählt sie in der Schule von Quiesels Nachricht.

3 Markiere die passenden Wortbausteine zu den Verben.

4 Schreibe die Verben auf.

L: erwarten, entdeckt, aufschreiben, versenden, anmachen, angekommen, vorlesen, erzählt

Woran erkenne ich Adjektive?

Adjektive geben an, wie etwas ist.

groß
nass
glücklich

Im Urlaub habe ich viele tolle Sachen gemacht. Ich bin im warmen Meer geschwommen. Danach haben sich meine Haare ganz nass angefühlt. Am Strand habe ich eine große Sandburg gebaut und danach ein leckeres Eis gegessen. Ich bin auch mit einem schnellen Motorboot gefahren. Manchmal habe ich lange Spaziergänge am Strand gemacht und viele schöne Muscheln gefunden. Einige sind ganz klein und zerbrechlich.

1 Wie sind die Dinge? Unterstreiche die Adjektive.

L: tolle, warmen, nass, große, leckeres, schnellen, lange, schöne, klein, zerbrechlich

kalt	rund		schief	spielen	laut
kaputt	stellen	leer	weiß	laufen	schmutzig

2 Wie sind die Dinge?
Trage die passenden Adjektive aus dem Kasten ein.

L:
Eis – kalt
Ball – rund
Sonnenschirm – schief
Motorboot – laut
Eimer – leer
Muschel – weiß
Sandburg – kaputt
Flasche – schmutzig

Adjektive einsetzen

Adjektive geben an, wie etwas ist.
Das Auto fährt schnell.
das schnelle Auto

kleine hell leckere laut starke gestreifte
weich spannend

der ______ Zwerg

der ______ Kuchen

der ______ Boxer

das ______ Hemd

Die Sonne scheint ______ .

Der Hund bellt ______ .

Das Kissen ist ______ .

Das Buch ist ______ .

L

der kleine Zwerg
Die Sonne scheint hell.
der leckere Kuchen
Der Hund bellt laut.
der starke Boxer
Das Kissen ist weich.
das gestreifte Hemd
Das Buch ist spannend.

1 Setze die passenden Adjektive ein.

das leckere Essen — Das Essen ist lecker.

______ — Das Pferd ist schnell.

______ — Die Kinder sind leise.

die schöne Musik — ______

______ — Die Schnecke ist langsam.

______ — Der Korb ist schwer.

der süße Apfel — ______

L

das leckere Essen – Das Essen ist lecker.
das schnelle Pferd – Das Pferd ist schnell.
die leisen Kinder – Die Kinder sind leise.
die schöne Musik – Die Musik ist schön.
die langsame Schnecke – Die Schnecke ist langsam.
der schwere Korb – Der Korb ist schwer.
der süße Apfel – Der Apfel ist süß.

2 Was fehlt? Ergänze.

Mit Adjektiven vergleichen

1 Welche Adjektive gehören zusammen? Verbinde.

Grundform	Vergleichsstufe 1	Vergleichsstufe 2

2 Trage die Adjektive in die Tabelle ein.

3 Markiere die Endungen der Vergleichsstufe 1 und der Vergleichsstufe 2. Was fällt dir auf?

L
kalt, kälter, am kältesten
hoch, höher, am höchsten
schön, schöner, am schönsten

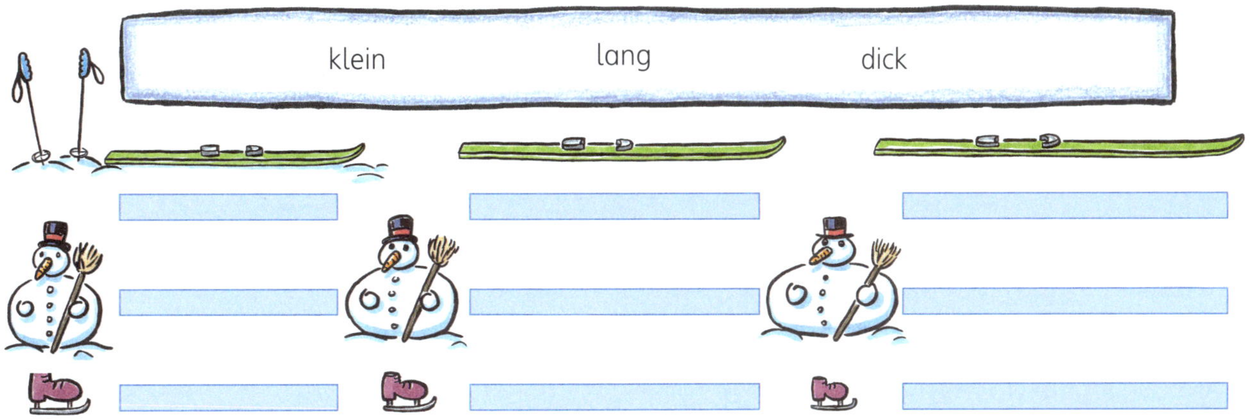

4 Setze die passenden Adjektive ein. Markiere die Endungen.

L
lang, länger, am längsten
dick, dicker, am dicksten
klein, kleiner, am kleinsten

Genauer beschreiben

Wie frisch ist das Brot?
Es ist ofenfrisch.
Zusammensetzungen mit Adjektiven sagen es genauer.
Nomen + Adjektiv
Ofen + frisch
ofenfrisch

 + scharf ______

 + süß ______

 + grau ______

 + hoch ______

 + weich ______

 + schnell ______

 + glatt ______

 + dicht ______

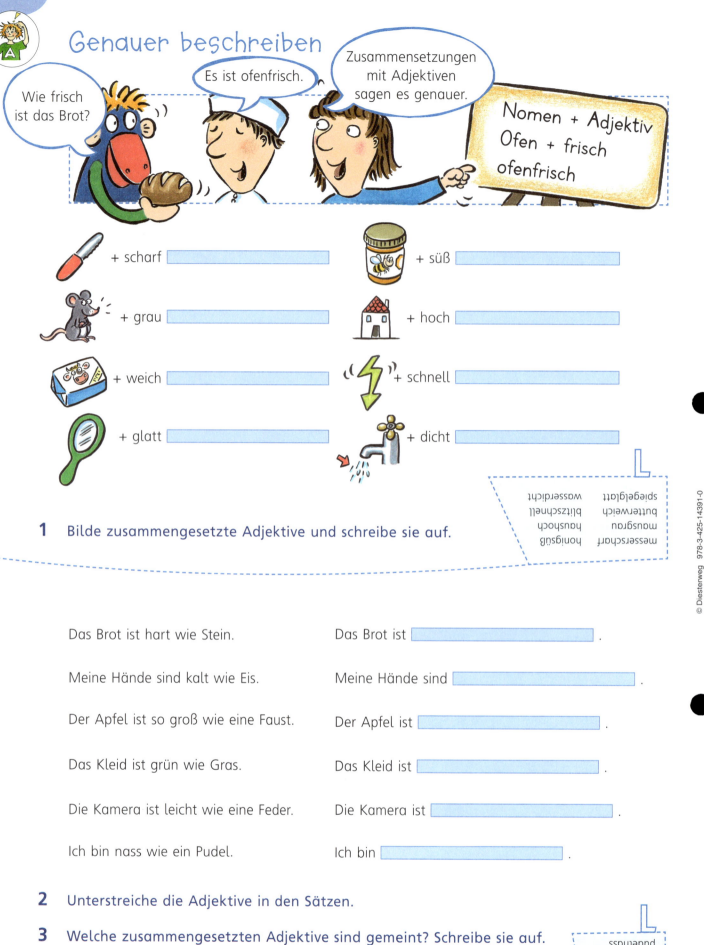

messerscharf spiegelglatt
mausgrau butterweich
honigsüß haushoch
blitzschnell wasserdicht

1 Bilde zusammengesetzte Adjektive und schreibe sie auf.

Das Brot ist hart wie Stein.	Das Brot ist ______ .
Meine Hände sind kalt wie Eis.	Meine Hände sind ______ .
Der Apfel ist so groß wie eine Faust.	Der Apfel ist ______ .
Das Kleid ist grün wie Gras.	Das Kleid ist ______ .
Die Kamera ist leicht wie eine Feder.	Die Kamera ist ______ .
Ich bin nass wie ein Pudel.	Ich bin ______ .

2 Unterstreiche die Adjektive in den Sätzen.

3 Welche zusammengesetzten Adjektive sind gemeint? Schreibe sie auf.

steinhart
eiskalt
faustgroß
grasgrün
federleicht
pudelnass

Das Gegenteil – Vorsilbe **un-**

Das Sofa ist gemütlich. Der Stuhl ist **un**gemütlich.
Bei vielen Adjektiven kann man den Wortbaustein **un-** vorsetzen. Man meint dann das Gegenteil.
gemütlich – **un**gemütlich

ungewöhnlich unklug sicher unwahr genau wahr
ungenau gewönlich klug unsicher

1 Welche Adjektive sind ein Gegensatzpaar? Verbinde.

2 Markiere die Vorsilbe **un-**.

beweglich		bewusst	
freiwillig		zufrieden	
geschickt		brauchbar	
gerecht		klar	

3 Finde das Gegenteil und schreibe es auf.

L: unbeweglich, unfreiwillig, ungeschickt, ungerecht, unbewusst, unzufrieden, unbrauchbar, unklar

Ein Detetktiv verhält sich möglichst ________ auffällig.

Sport machen ist ________ gesund.

Fische können ________ möglich an Land leben.

Jonas muss auf Paula warten, weil sie ________ pünktlich ist.

Anna ist traurig, weil ihr Bruder ________ freundlich zu ihr war.

Bei Rot über die Straße zu gehen ist ________ gefährlich.

Lara muss ihr ________ ordentliches Zimmer aufräumen.

4 Entscheide, bei welchen Sätzen du die Vorsilbe **un-** einsetzen musst.

L: unauffällig, unmöglich, unpünktlich, unfreundlich, unordentliches

Adjektive mit -ig oder -lich

freundlich – freundig	durstlich – durstig	ecklich – eckig	möglich – mögig
neugierlich – neugierig	friedlich – friedig	glücklich – glückig	ruhlich – ruhig

1 Sprich die Adjektive. Entscheide, welches Wort richtig klingt.
Streiche die falschen Wörter durch.

-ig: ______________________________

____

-lich: ______________________________

____

L
-ig: durstig, eckig, neugierig, ruhig
-lich: freundlich, möglich, friedlich, glücklich

2 Schreibe die Adjektive auf.
Markiere die Endungen **-ig** und **-lich**.

Mut	Lust	klein	bitter	Sand	Feier
Sumpf	Geduld	Sport	stinken	vergessen	Monat

____

____

____

____

3 Bilde mit den Wortbausteinen **-ig** und **-lich** passende Adjektive.

L
-ig: mutig, lustig, sandig, sumpfig, geduldig, stinkig
-lich: kleinlich, bitterlich, feierlich, sportlich, vergesslich, monatlich

© Diesterweg 978-3-425-14391-0

Sätze erkennen

Tim spielt mit Jan Fußball Quiesel

isst eine Pizza Sarah liegt im Garten

auf einem Liegestuhl Oma trinkt

einen Saft Papa lacht

1 Welche Wörter gehören zu einer Minigeschichte? Unterstreiche sie in der gleichen Farbe.

2 Trenne die Sätze mit einem // ab.

3 Verbinde die Sätze mit den passenden Bildern.

L

Tim spielt mit Jan Fußball // Quiesel isst eine Pizza // Sarah liegt im Garten auf einem Liegestuhl // Oma trinkt einen Saft // Papa lacht

Im Automuseum

Lukas geht heute mit Papa ins Automuseum Papa zeigt Lukas ein sehr altes Auto Lukas setzt sich sogar hinter das Steuer Das ist ein tolles Gefühl Lukas entdeckt noch ein anderes Auto Es war einmal das schnellste Auto der Welt Papa macht ein Foto Lukas zeigt das Foto am Abend seiner Oma Sie stellt es ins Regal

4 Unterstreiche die Wörter in der gleichen Farbe, die zu einem Satz gehören.

5 Trenne die Sätze mit einem // ab.

L

Lukas geht heute mit Papa ins Automuseum // Papa zeigt Lukas ein sehr altes Auto // Lukas setzt sich sogar hinter das Steuer // Das ist ein tolles Gefühl // Lukas entdeckt noch ein anderes Auto // Es war einmal das schnellste Auto der Welt // Papa macht ein Foto // Lukas zeigt das Foto am Abend seiner Oma // Sie stellt es ins Regal

Satzanfang und Satzende

Moritz schenkt Nico Inlineskates sie gehen zusammen in den Park
Nico lernt schnell bald fährt er so gut wie Moritz das ist toll

L: **M**oritz schenkt Nico Inlineskates. **S**ie gehen zusammen in den Park. **N**ico lernt schnell. **B**ald fährt er so gut wie Moritz. **D**as ist toll.

1 Unterstreiche die Sätze mit unterschiedlichen Farben.

2 Setze die Punkte am Satzende. Markiere die Satzanfänge.

3 Schreibe die Sätze richtig auf. Denke an die Großschreibung und die Punkte.

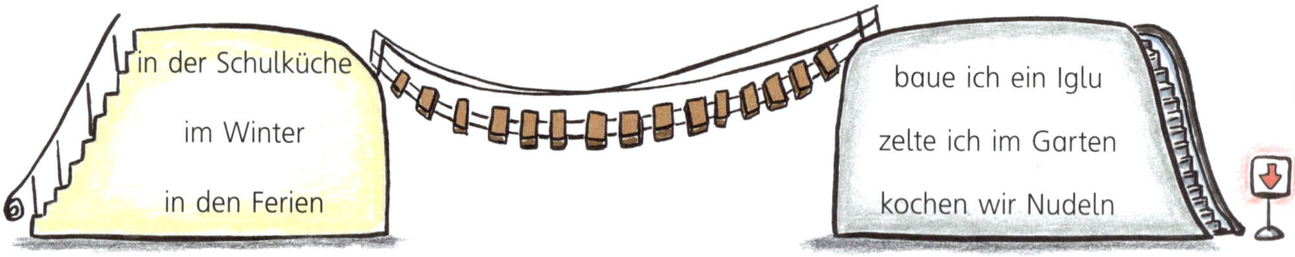

4 Verbinde die Teile zu sinnvollen Sätzen. Schreibe die Sätze richtig auf.

L: In der Schulküche kochen wir Nudeln.
Im Winter baue ich ein Iglu.
In den Ferien zelte ich im Garten.

Wann setze ich das Ausrufezeichen?

1 Unterstreiche alle Ausrufe und Aufforderungen.

2 Setze die fehlenden Ausrufezeichen.

Setz dich zu mir!
Wahnsinn! Guck mal!
Beeil dich! Komm schnell!
Toll! Pass auf!

Achtung — Aufstehen — Schneller — Lass mich auch mal — Essen ist fertig — Vorsicht, heiß

3 Was passt in die Sprechblasen? Trage ein.

Lass mich auch mal!
Achtung!
Schneller!
Essen ist fertig!

Fragesatz

Welcher Satz ist eine Frage?
Wie heißt du Ferien sind schön
Der Satz, auf den du eine Antwort erwartest, ist eine Frage.
Wie heißt du ?
Am Ende eines Fragesatzes steht ein Fragezeichen.

Warum sind Sie Rennfahrer geworden Weil ich gerne Auto fahre Hatten Sie schon mal einen Unfall Nein, zum Glück nicht

1 Setze die Fragezeichen und Punkte am Satzende.
Markiere die Satzanfänge der Fragen.

2 Schreibe die Fragesätze auf.

L: **Warum** sind Sie Rennfahrer geworden?
Hatten Sie schon mal einen Unfall?

Wie alt sind Sie Wohin möchten Sie gerne mal fliegen
Wie lange sind Sie schon Pilotin Haben Sie eine Uniform

Ich bin seit drei Jahren Pilotin.

Ja, ich trage eine blaue Uniform.

Ich möchte mal nach Madagaskar fliegen.

3 Schreibe die passenden Fragen dazu.

L: Wie lange sind Sie schon Pilotin?
Haben Sie eine Uniform?
Wohin möchten Sie gerne mal fliegen?

Wörtliche Rede – Anführungszeichen

1 Schreibe auf, was Finn und Mia nacheinander sagen.
Unterstreiche blau, was Finn sagt. Unterstreiche rot, was Mia sagt.

2 Setze bei jeder wörtlichen Rede die Anführungszeichen.

„Hallo Mia!" „Hallo Finn!"
„Hast du Ben gesehen?" „Ja, der
ist auf dem Klettergerüst."

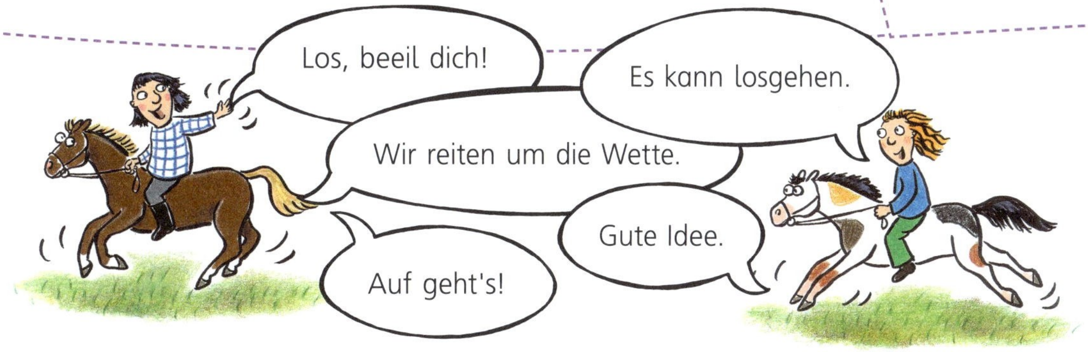

Reiten

Lena ruft: Los, beeil Dich! Emma sagt: Es kann losgehen. Lena schlägt vor: Wir reiten um die Wette. Emma sagt: Gute Idee. Lena ruft: Auf geht's!

3 Unterstreiche die wörtliche Rede im Text
und setze die Anführungszeichen.

Lena ruft: „Los, beeil dich!"
Emma sagt: „Es kann losgehen."
Lena schlägt vor: „Wir reiten um
die Wette." Emma sagt: „Gute
Idee." Lena ruft: „Auf geht's!"

Begleitsätze erkennen – Doppelpunkt

Mama ruft „Frühstück ist fertig!“ Kai fragt „Wie spät ist es?“
Papa sagt „Ich habe Hunger.“ Mia flüstert „Oma schläft noch.“
Die Lehrerin sagt „Guten Morgen.“ Die Kinder rufen „Hurra!“

L

Mama ruft:
Kai fragt:
Papa sagt:
Mia flüstert:
Die Lehrerin sagt:
Die Kinder rufen:

1 Unterstreiche die Sätze, die sagen, wer spricht.

2 Setze am Ende der Begleitsätze einen Doppelpunkt.

Jonas fragt	„Das tut weh.“
Timo brüllt	„Willst du mit mir spielen?“
Noah weint	„Die sind aber klein.“
Paula staunt	„Gib mir das wieder!“

3 Wer sagt was? Verbinde den Begleitsatz mit dem, was die Kinder sagen.

4 Schreibe die Begleitsätze mit der wörtlichen Rede auf.

L

Jonas fragt: „Willst du mit mir spielen?“
Timo brüllt: „Gib mir das wieder!“
Noah weint: „Das tut weh.“
Paula staunt: „Die sind aber klein!“

© Diesterweg 978-3-425-14391-0

Satzglieder

Sven flötet. — Sven | flötet

Winni spielt Gitarre. — Winni | Gitarre | spielt

Berni und Tanja staunen über das neue Klavier. — staunen | Berni und Tanja | über das neue Klavier

Hanna übt ein Stück von Mozart. — Hanna | ein Stück | von Mozart | übt

1 Suche die Satzglieder in den Sätzen. Markiere mit der gleichen Farbe.

Sven flötet. Winni spielt Gitarre. Berni und Tanja staunen über das neue Klavier. Hanna übt ein Stück von Mozart.

2 Bilde Sätze mit den Satzbausteinen.

3 Schreibe die Sätze auf.
Unterstreiche die Satzbausteine mit verschiedenen Farben.

Paula lacht. Paula spielt Trompete. Sie übt ein neues Lied. Die Trompete glänzt im Licht.

Satzglieder mit der Umstellprobe finden

Wie finde ich die Satzglieder?
Paula | spielt | ein Lied.
Ein Lied | spielt | Paula.
Spielt | Paula | ein Lied?
Satzglieder findest du mit der Umstellprobe. Sie bestehen aus einem oder mehreren Wörtern.

Paula spielt auf einem Konzert Trompete.

Trompete spielt Paula auf einem Konzert.

Auf einem Konzert spielt Paula Trompete.

Spielt Paula auf einem Konzert Trompete?

1 Welche Wörter oder Wortgruppen sind umgestellt?
Unterstreiche sie mit verschiedenen Farben.

L

Paula spielt auf einem Konzert Trompete.

Der Sänger nimmt das Mikrofon in die Hand.

2 Stelle die Satzglieder im Satz um.
Sprich dir die umgestellten Sätze vor.

3 Schreibe die Sätze auf
und unterstreiche in jedem Satz die Satzglieder.

L

Das Mikrofon nimmt der Sänger in die Hand.
In die Hand nimmt der Sänger das Mikrofon.
Nimmt der Sänger das Mikrofon in die Hand?

Satzglied – Subjekt

Was ist ein Subjekt?
Wer spielt Geige?
David
David spielt Geige.
Ein Subjekt ist ein Satzglied. Das Subjekt sagt, **wer** etwas tut.
DAVID
LEA

Wer oder was schwebt durch die Lüfte?

Wer oder was küsst die Maus?

Wer oder was zieht Blumen aus dem Ei?

Wer oder was sägt an der Kiste?

1 Beantworte die Fragen.

2 Schreibe die Antworten in Sätzen auf. Unterstreiche das Subjekt.

L

Quiesel schwebt durch die Lüfte.
Eine Schlange küsst die Maus.
Ein Hase zieht Blumen aus dem Ei.
Der Affe sägt an der Kiste.

Zauber-Party

Papa zaubert Bratwürste herbei. Mama verhext die Brötchen. Der Senf läuft über den Tisch. Kleine Gurken springen aus dem Kartoffelsalat. Die Grillkohle wandert über Opas weißes Hemd. Omas Brille schlägt Funken. Jetzt kommt auch noch die Feuerwehr. Da verschwindet der Spuk am Himmel.

3 Unterstreiche in jedem Satz das Subjekt.

L

Papa
Mama
der Senf
kleine Gurken
die Grillkohle
Omas Brille
die Feuerwehr
der Spuk

Satzglied – Prädikat

Was ist ein Prädikat?
Was tut Lea?
spielen
Lea spielt Gitarre.

Ein Prädikat ist ein Satzglied. Das Prädikat sagt, **was** jemand tut.
LEA

Was tut Quiesel? ______

Was tut die Schlange? ______

Was tut der Hase? ______

Was tun die Affen? ______

1 Beantworte die Fragen.

______

______

______

______

2 Schreibe die Antworten in Sätzen auf. Unterstreiche das Prädikat.

L
Quiesel klatscht.
Die Schlange liest.
Der Hase schläft.
Die Affen trinken.

Im Zaubermarkt

Die Apfelsinen spielen gegen die Bananen Fußball. Die Zitronen singen. Eine Salzstange trommelt auf den Konserven. Das Gewürzregal springt über die Kühltheke. Die Käseverkäuferin tanzt mit dem Wurstverkäufer Tango. Laut lachen die Joghurtbecher im Kühlregal. Der Zauberlehrling staunt. Aus!

3 Unterstreiche in jedem Satz das Prädikat.

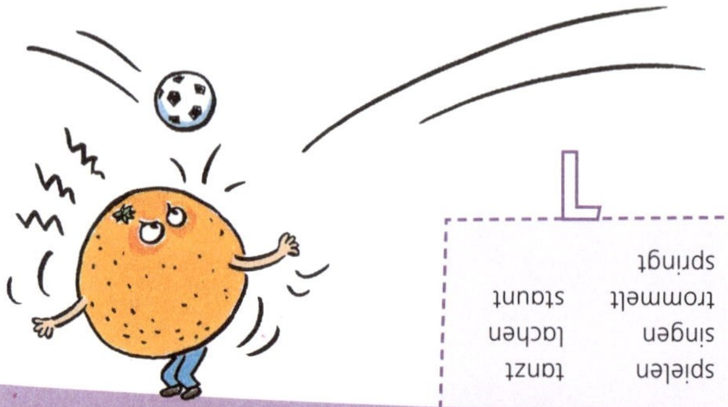

L
spielen, singen, trommelt, springt
tanzt, lachen, staunt

Kurze Sätze

Was steht in einem Satz?
Lea schreibt.
Wer? Was tut ...?
In einem Satz steht immer, **wer** etwas tut und **was** er oder sie tut.

der Hund	die Ziege
der Fisch	die Möwe

meckert	bellt
fliegt	schwimmt

1 Was gehört zusammen? Bilde Sätze und sprich sie dir vor.

2 Schreibe die Sätze auf.
Unterstreiche das Subjekt und das Prädikat.

Der Hund bellt. Die Ziege meckert.
Der Fisch schwimmt. Die Möwe fliegt.

schwimmen fliegen schlafen saufen fressen

3 Schau dir die Bilder gut an. Welche Sätze kannst du bilden?

4 Schreibe die Sätze auf. Unterstreiche das Subjekt und das Prädikat.

Der Vogel fliegt. Die Giraffe frisst.
Der Fisch schwimmt. Der Bär schläft.
Das Kamel säuft.

Sätze ergänzen – **wo** und **wohin?**

Ich suche das Satzglied, das sagt, wo etwas ist oder geschieht.
Die Katze sitzt am Fenster.
Stelle die Frage: „Wo?"
Wo sitzt die Katze?
am Fenster
Die Katze sitzt am Fenster.

1 Wo sind die Tiere? Male an.

2 Wo sind die Tiere? Schreibe auf und unterstreiche die Ortsangabe: Der Fisch ist im Teich.

L

Der Bär ist in der Höhle.
Die Spinne ist im Netz.
Der Vogel ist im Nest.
Die Maus ist im Loch.
Der Fisch ist im Teich.

Lea rettet die Hühner

Der Fuchs schläft fest in seinem Bau. Doch plötzlich ist es laut im Dorf. Die Hühner machen im Stall einen riesigen Lärm. Nur der Hahn sitzt auf der Stange. Schon steht der Fuchs vor der Stalltür. Lea bleibt hinter einem Strohballen versteckt und lauscht. Dann ist sie auch schon mit einer Mistgabel in der Hand bei den Hühnern. Der Fuchs verschwindet schnell im Wald. Danke Lea.

3 Unterstreiche die Satzglieder, die auf die Frage „Wo …?" antworten.

L

in seinem Bau
im Dorf
im Stall
auf der Stange
vor der Stalltür
hinter einem Strohballen
bei den Hühnern
im Wald

Sätze ergänzen – wann?

Ich suche das Satzglied, das sagt, wann etwas geschieht.
Stelle die Frage: „Wann ...?“
Wann singt der Vogel?
am Morgen
Der Vogel singt am Morgen.
Der Vogel singt am Morgen.

MORGENPOST

im Winter

am Morgen

in der Nacht

um 19.00 Uhr

1 Verbinde die Zeitangaben mit den Bildern.

Das Reh sucht ________________ Futter.

________________ ist die Eule wach.

Der Hund holt ________________ die Zeitung.

Ulli kommt ________________ nach Hause.

2 Ergänze die Sätze mit den Zeitangaben.

im Winter
In der Nacht
am Morgen
um 19.00 Uhr

Dinosaurier

Es gab vor vielen Millionen Jahren schon Tiere. Die Dinosaurier lebten vor ungefähr 100 Millionen Jahren. Heute gibt es keine Dinosaurier mehr. Aber ein Forscher fand im Jahr 1677 Knochen von Dinosauriern in England. Der erste Film über die Dinos wurde 1925 gedreht. Vielleicht kann man in einigen Jahren Tiere aus der Urzeit nachzüchten.

3 Unterstreiche die Satzglieder, die auf die Frage „Wann ...?“ antworten.

vor vielen Millionen Jahren
vor ungefähr 100 Millionen Jahren
Heute
im Jahr 1677
1925
in einigen Jahren

Wortfeld – **gehen**

Schau mal, wie die gehen.
Das kann man genauer sagen. Für **gehen** gibt es viele Wörter.
Wortfeld gehen:
laufen, rennen, spazieren, schleichen, trödeln, ...

wandern springen bummeln krabbeln stolpern graben
laufen stapfen singen sausen
schreiten spazieren flitzen trotten stiefeln
eilen kochen stolpern
hüpfen trampeln schleichen trödeln
hasten latschen rasen bauen

Nicht markiert:
kochen
singen
graben
bauen

1 Markiere die Wörter, die zum Wortfeld **gehen** gehören.

① 

② 

③ 

④ 

⑤ 

⑥ 

springen wandern laufen hüpfen stolpern krabbeln

2 Welche Wörter aus dem Wortfeld **gehen** passen?
Trage sie ein.

1. wandern 2. springen 3. hüpfen
4. laufen 5. krabbeln 6. stolpern

Wortfeld – sprechen

Hör mal, wie das Kind spricht.
Tor!
Das kann man genauer sagen. Für **sprechen** gibt es viele Wörter.
Wortfeld sprechen:
schreien, erzählen, rufen, schimpfen, schluchzen, fragen, ...

erzählen rufen schimpfen kaufen schluchzen fragen
vortragen erklären schreien sagen
fahren staunen bitten zugeben lachen
zustimmen antworten schwimmen meinen sehen
reden schnattern weinen brüllen

1 Markiere die Wörter, die zum Wortfeld **sprechen** gehören.

Nicht markiert:
kaufen
fahren
schwimmen
sehen

①

②

③

④

⑤

⑥

schimpfen rufen schreien vortragen fragen schluchzen

2 Welche Wörter aus dem Wortfeld **sprechen** passen?
Trage sie ein.

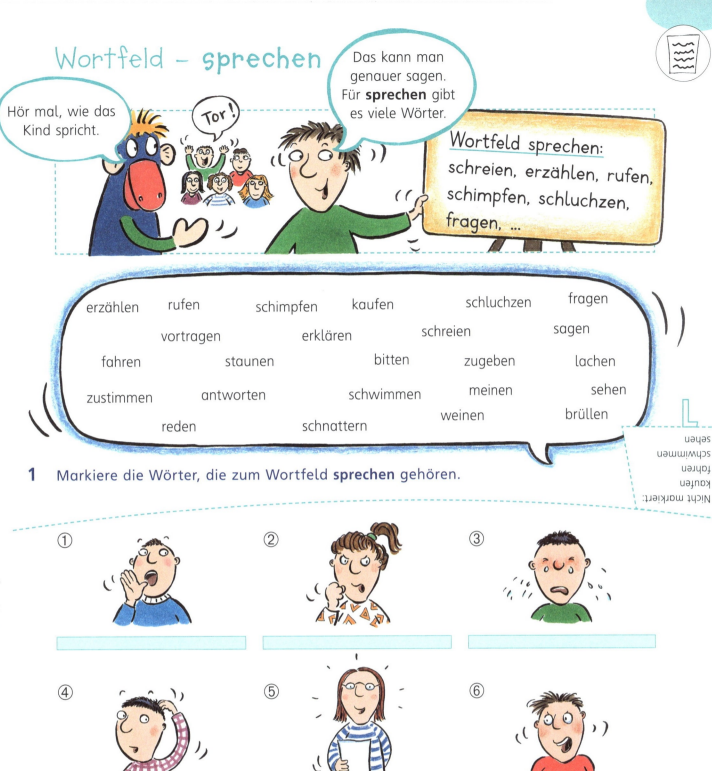

1. rufen
2. schimpfen
3. schluchzen
4. fragen
5. vortragen
6. schreien

© Diesterweg 978-3-425-14391-0

Redensarten verstehen

Du bringst mich auf die Palme.

Hier ist doch gar keine Palme.

Redensarten haben eine besondere Bedeutung.

Jemanden auf die Palme bringen = Jemanden wütend machen

① auf dem Schlauch stehen

② türmen

③ unter die Arme greifen

④ gerüstet sein

⑤ Ordnung ist das halbe Leben

⑥ den Mund halten

A Er hilft jemanden. ◯

B Sie bereitet sich auf etwas vor. ◯

C Ordnung ist sehr wichtig. ◯

D Sie versteht etwas nicht. ◯

E Er flieht. ◯

F Er sagt nichts. ◯

1 Was bedeuten die Redensarten? Trage die Zahlen ein.

A3 B4 C5
D1 E2 F6

A ◯

B ◯

C ◯

D ◯

E ◯

F ◯

2 Zu welchen Bildern passen die Redensarten? Trage die richtigen Nummern ein.

A3 B1 C4
D2 E5 F6

Fachbegriffe

A Diese Wortart sagt uns, wie Menschen, Tiere, Pflanzen und Dinge heißen.	**B** Aus diesen Teilen besteht ein Satz.	**C** Dieses Satzglied sagt, was jemand tut oder was geschieht.	**D** Dieser Teil des Wortes ist bei allen Wörtern der Wortfamilie gleich.

① Nomen ② Verb ③ Adjektiv ④ Subjekt
⑤ Prädikat ⑥ Wortstamm ⑦ Wortfeld ⑧ Satzglieder

E Diese Wortart sagt uns, was jemand tut oder was geschieht.	**F** Dieses Satzglied sagt, wer oder was etwas tut.	**G** Diese Wortart sagt uns, wie etwas ist.	**H** Hier passen alle Wörter zu einem Thema.

1 Verbinde die Erklärungen mit den richtigen Fachbegriffen.
Trage die Fachbegriffe ein.

L
A1, B8, C5, D6,
E2, F4, G3, H7

P	K	W	K	S	I	I	A	S
R	V	O	Ö	A	U	W	D	U
Ä	J	R	N	T	Y	O	J	B
D	V	T	O	Z	Ö	R	E	J
I	E	S	M	G	J	T	K	E
K	R	T	E	L	S	F	T	K
A	B	A	N	I	D	E	I	T
T	Ö	M	X	E	B	L	V	V
D	D	M	E	D	K	D	C	L

① Sonne ② schwimmen ③ Wasser, Badeanzug Dusche, tauchen, Sprungbrett, Bademeister, Badehose, Handtuch

④ Lena schwimmt. ⑤ warm

⑥ Lena schimmt.

⑦ Lena schwimmt im Sommer im Freibad.

⑧ **schwimm**en, **Schwimm**bad, **Schwimm**flügel, Brust**schwimm**en

L
Subjekt = ⑥
Adjektiv = ⑤
Wortfeld = ③
Satzglied = ⑦
Nomen = ①
Wortstamm = ⑧
Verb = ②
Prädikat = ④

2 Markiere die Fachbegriffe im Rätsel mit verschiedenen Farben.

3 Markiere die Beispiele zu den Fachbegriffen mit der gleichen Farbe.

Kapitel	Seite	Sprachuntersuchung	Rechtschreibung und Arbeitstechniken
Laute und Buchstaben Seite 4–22	4		Nachschlagen nach dem 3. Buchstaben
	5	Vokale erkennen	
	6	Umlaute erkennen	
	7	Doppellaute (Zwielaute) erkennen	
	8	Mitlaute erkennen	
	9		Sp/sp und St/st im Anlaut
	10		Schl, schm, schn, schr und schw im Anlaut
	11	Wörter in Silben gliedern	
	12		Trennstrich bei der Silbentrennung
	13		Lang und kurz gesprochene Vokale unterscheiden
	14		Konsonantenfolge nach kurzem Vokal
	15		Wörter mit Doppelkonsonanz
	16		Wörter mit ck
	17		Wörter mit tz
	18		Wörter mit langem i-Laut mit ie schreiben
	19		Wörter mit -ieren
	20		Auslautverhärtung b–p, d–t, g–k
	21		Inlautverhärtung bei Verben
	22		Auslautverhärtung an der Silbenfuge
Verwandte Wörter Seite 23–27	23		Den Wortstamm erkennen
	24		Wortstamm bei Ableitungen: Wortfamilie *sehen*
	25	Wortfamilien mit nk	
	26		Wortverwandtschaft ä–a
	27		Wortverwandtschaft äu–au
Wörter und Arbeitstechniken Seite 28–33	28		Wörter mit Doppelvokal; Abschreibkarte nutzen
	29		Wörter mit Dehnungs-h; Üben mit der Profikarte
	30		Wörter mit X, x; Partnerdiktat
	31		Wörter mit Qu/qu; Fehler finden mit der Quiesel-Karte
	32		Vorsilben ver- und vor-; Besonderheiten prüfen
	33		Lang gesprochenes i ohne Längenkennzeichnung
Wortarten Seite 34–54	34		Nomen (Konkreta) erkennen und großschreiben
	35		Nomen (Abstrakta) erkennen und großschreiben
	36	Nomen mit -ung, -heit, -keit	
	37	Nomen in Einzahl und Mehrzahl	